中华名人故事图画书
山东城市出版传媒集团·济南出版社

庄子的故事

图 赵明钧
文 海连

图书在版编目（CIP）数据

庄子的故事/赵明钧，海连著.—济南：济南出版社，2023.2
（中华名人故事图画书）
ISBN 978-7-5488-5300-8

Ⅰ.①庄… Ⅱ.①赵… ②海… Ⅲ.①庄周（约前369—前286）—生平事迹—青少年读物 Ⅳ.① B223.5-49

中国版本图书馆 CIP 数据核字（2022）第 216643 号

庄子的故事
ZHUANGZI DE GUSHI

出 版 人	田俊林
责任编辑	胡长娟
封面设计	焦萍萍
出版发行	济南出版社
地　　址	山东省济南市二环南路 1 号
邮　　编	250002
印　　刷	济南新先锋彩印有限公司
版　　次	2023 年 2 月第 1 版
印　　次	2023 年 4 月第 1 次印刷
成品尺寸	170 mm×240 mm　16 开
印　　张	5.25
字　　数	32 千字
书　　号	ISBN 978-7-5488-5300-8
定　　价	39.80 元

（济南版图书，如有印装错误，请与出版社联系调换。联系电话：0531-86131736）

在庄子丰富而浪漫的精神世界里
人可以与蝴蝶相互变化
可以与鬼神对话
可以从光怪陆离的景象中参悟出哲理
从庄子的日常生活,到他的言行举止
透过夸张而不失趣味的描绘
在水墨画深浅交错的飘逸意境中
引领我们前往庄子世界的"奇幻"之旅

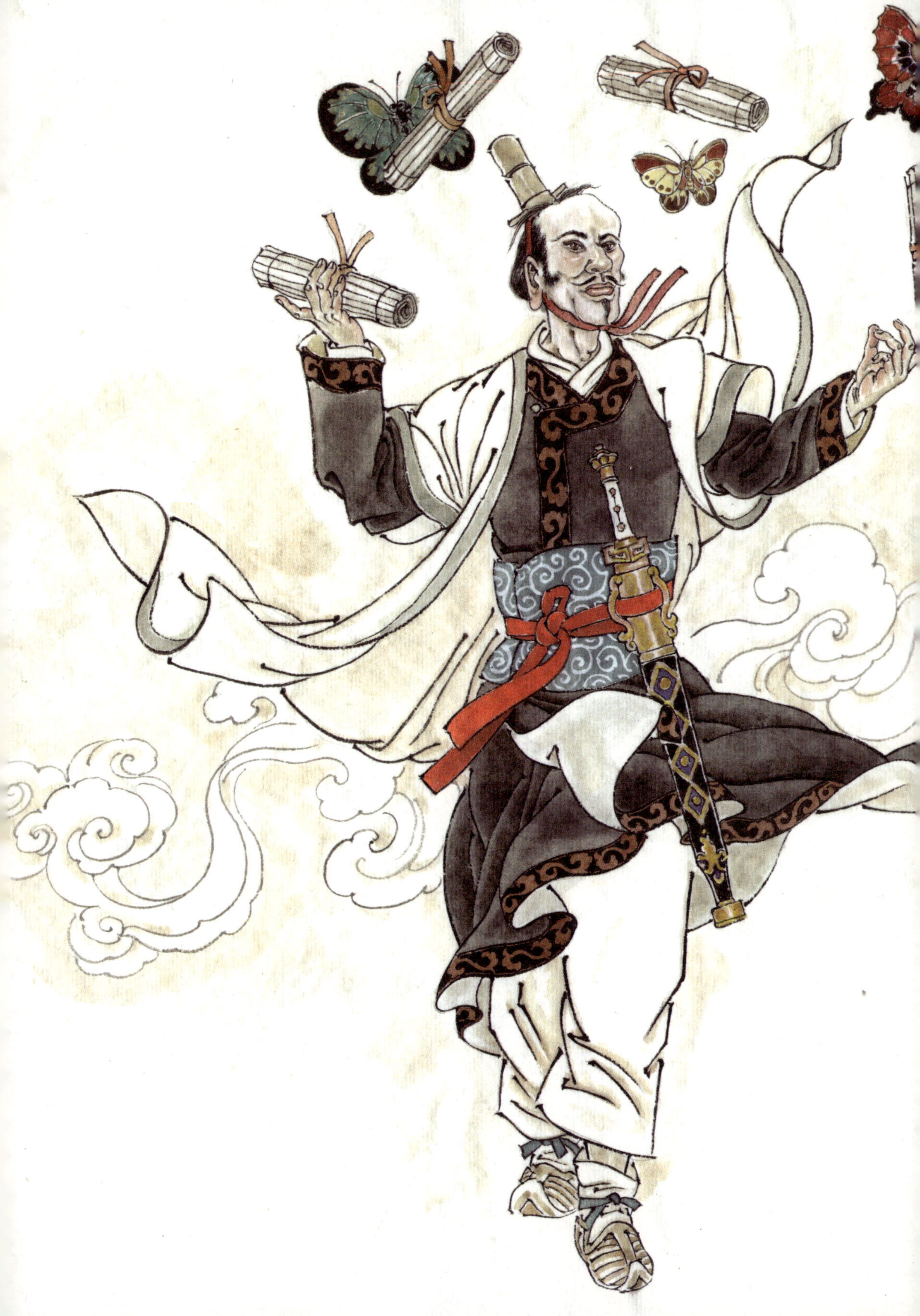

庄子，名周，
生卒年、家世、师承渊源，
始终都笼罩在历史的迷云中，
无法确切知晓。
我们只能根据《庄子》《史记》等古书的记载，
大致推测他出生在战国中期的宋国，
与魏惠王、齐宣王为同时代人。

《庄子》，亦称《南华经》，道家经典之一，为庄周及其后学的著作集，在哲学、文学方面都具有较高的研究价值。

战国时期，群雄角逐，
诸子百家学说竞相争鸣。
在众多的思想家中，
庄子是一个奇妙的存在，
他如同一位遗世而独立的隐者，
沉浸在自己的翩翩蝴蝶梦中。
他忽而在梦中无拘无束地飞舞，
忽而又醒来，
分不清究竟是庄子做梦变成了蝴蝶，
还是蝴蝶此刻化作了庄子。

天地与我并生，而万物与我为一。

《庄子·齐物论》

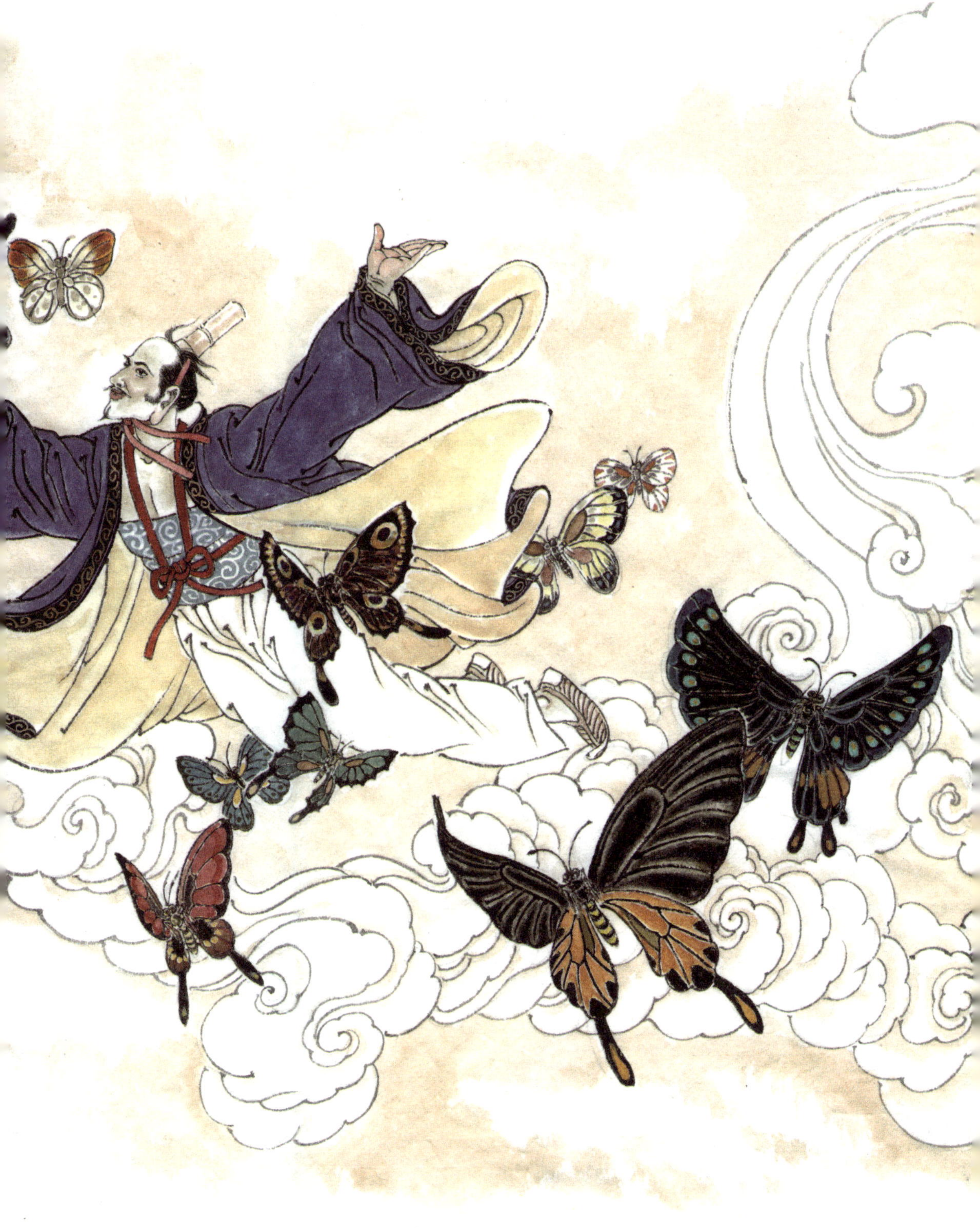

在《庄子》一书中，
既有高飞九万里的大鹏，
也有目光短浅的小鸟；
既有在蜗牛角上发生的战斗，
也有在海底看管夜明珠的大骊龙。
而在诗意的蝴蝶之外，
同样也会有亡者的髑髅（dú lóu）闯入庄子离奇的梦境。

方其梦也，不知其梦也。
梦之中又占其梦焉，觉而后知其梦也。
《庄子·齐物论》

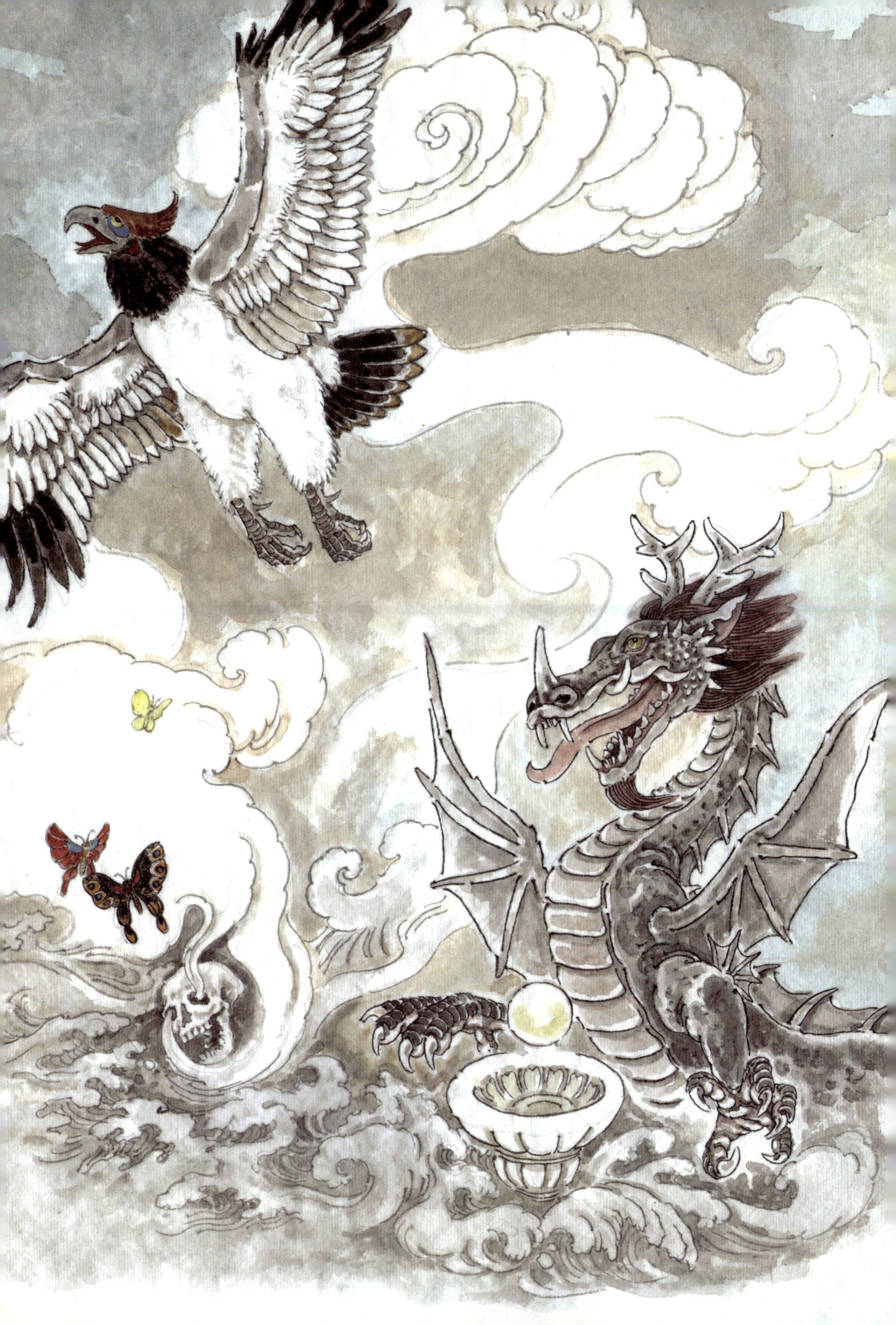

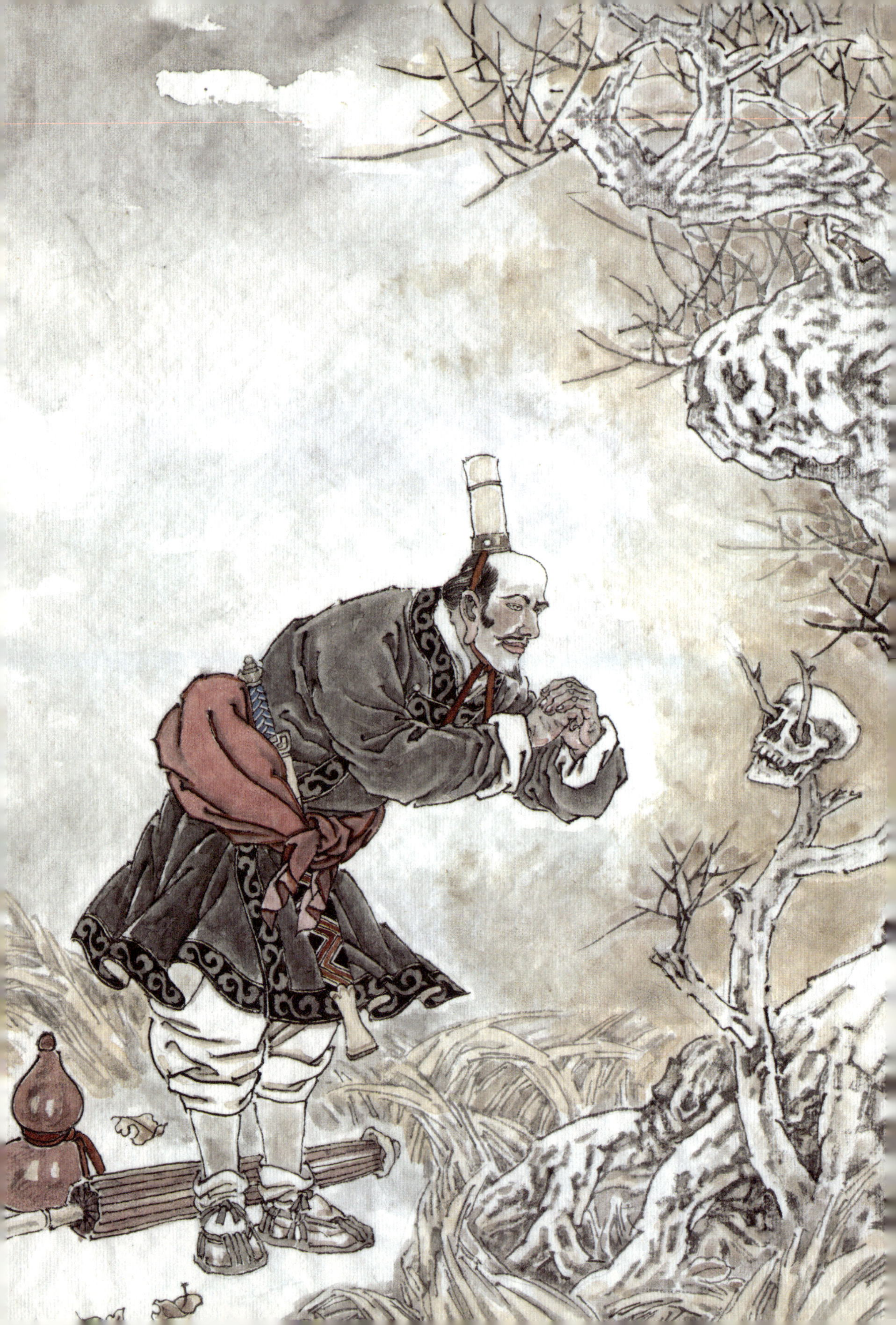

一天，庄子正去往楚国，

见道旁有个髑髅，

便上前叩问：

"您是犯了什么天理，

遇上什么祸患，

才沦落至此呢？"

髑髅不答，

庄子竟拉过它来，

就地枕着睡着了。

大知闲闲，小知间间；大言炎炎，小言詹詹。
《庄子·齐物论》

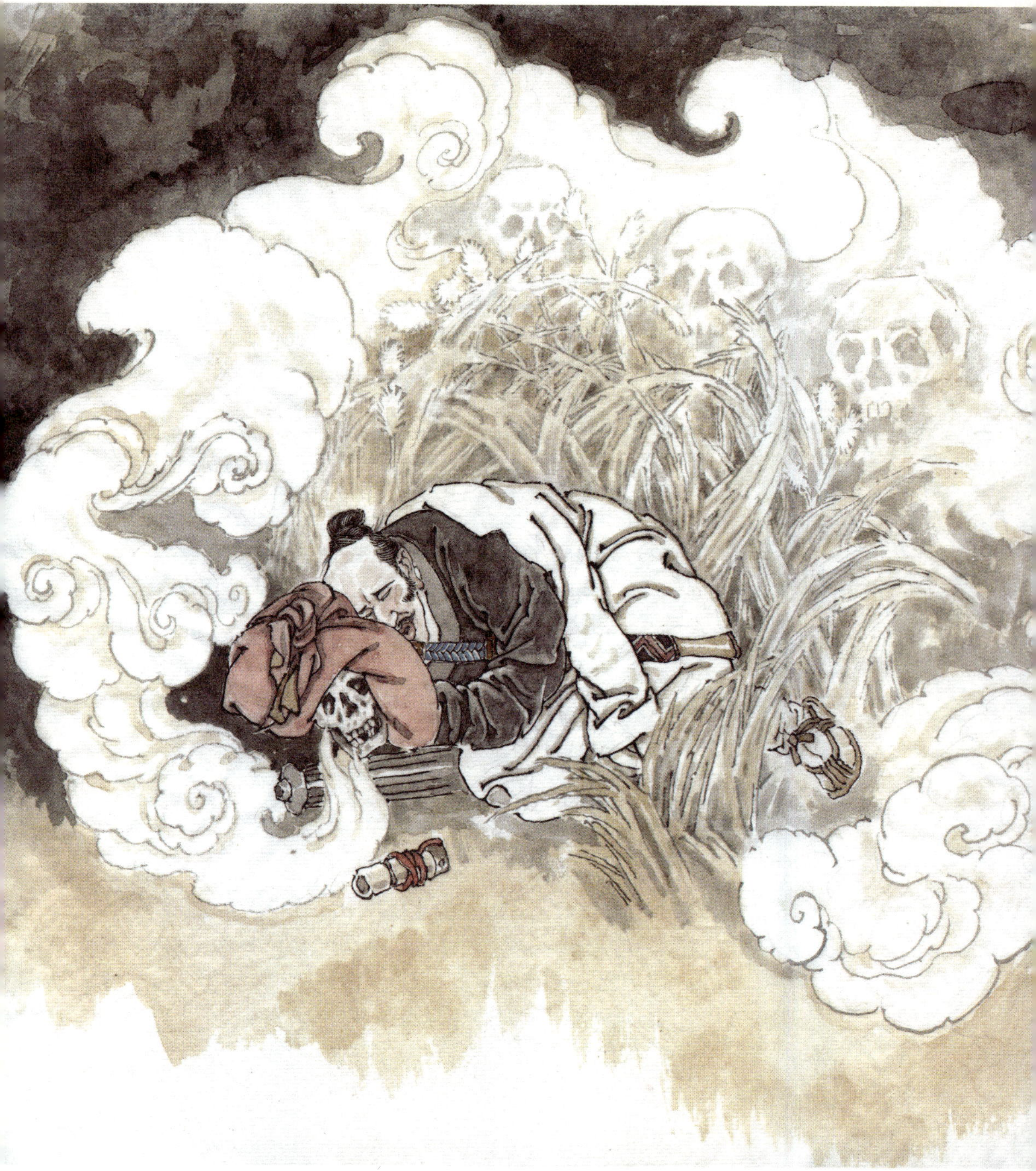

半夜，髑髅托梦给庄子，

说："先生看上去能言善辩，

可除饥饿病痛这些生的忧患以外，

您对死又有多少了解呢？

人世间满布着负累与罪责，

生活本身就是一桩苦差。

死后的世界，

再没有昏庸的君王，

也没有欺压百姓的官臣，

无所谓四季的轮转，

天地是一切的主宰。

我终于和生的烦恼做了永诀。

你即使拿了王位来，

我也不愿交换此刻的轻松与喜悦。"

庄子倚靠着髑髅，

在黑沉沉的梦里，

静听它诉说死后的自在与惬意。

去小知而大知明，去善而自善矣。

《庄子·外物》

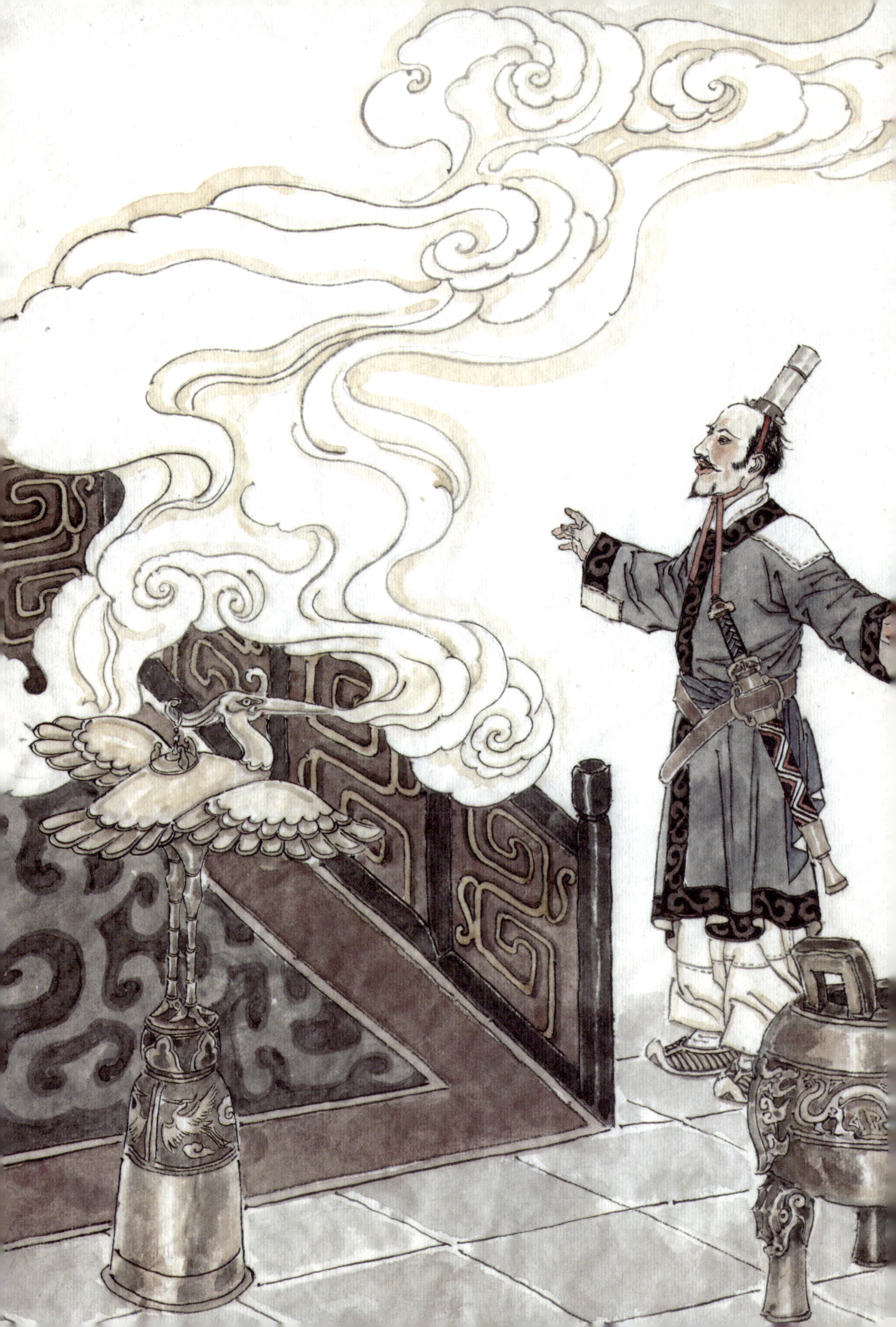

悟透了天道人情的庄子
对物质生活不怎么讲究。
一次，
他身穿打补丁的粗布衣服，
脚踏一双用麻绳绑成的旧鞋，
就大大方方地跑去面见魏惠王。
魏惠王问他为何看上去如此潦倒，
庄子却答道：
"破衣烂鞋，这是贫困；
有理想不能施展，才是潦倒。"

至人无己，神人无功，圣人无名。　　《庄子·逍遥游》

楚威王仰慕庄子的才学，
欲聘其为相。
他派人到濮（pú）水边，
向正在垂钓的庄子发出邀请。
庄子却头也不回，只是说：
"与其做死去留下龟壳让
人们供奉的千年神龟，
还不如让我自在地活在烂泥里，
拖着尾巴慢慢爬。"
在庄子看来，
入朝为官无异于
做一头祭祀用的牺牛，
浑身披着织锦，
享用着精细的草粮，
可等到被牵入太庙受尽宰割，
再想做回那头撒欢的小野牛，
已是悔之晚矣。

不乐寿，不哀夭，不荣通，不丑穷。
《庄子·天地》

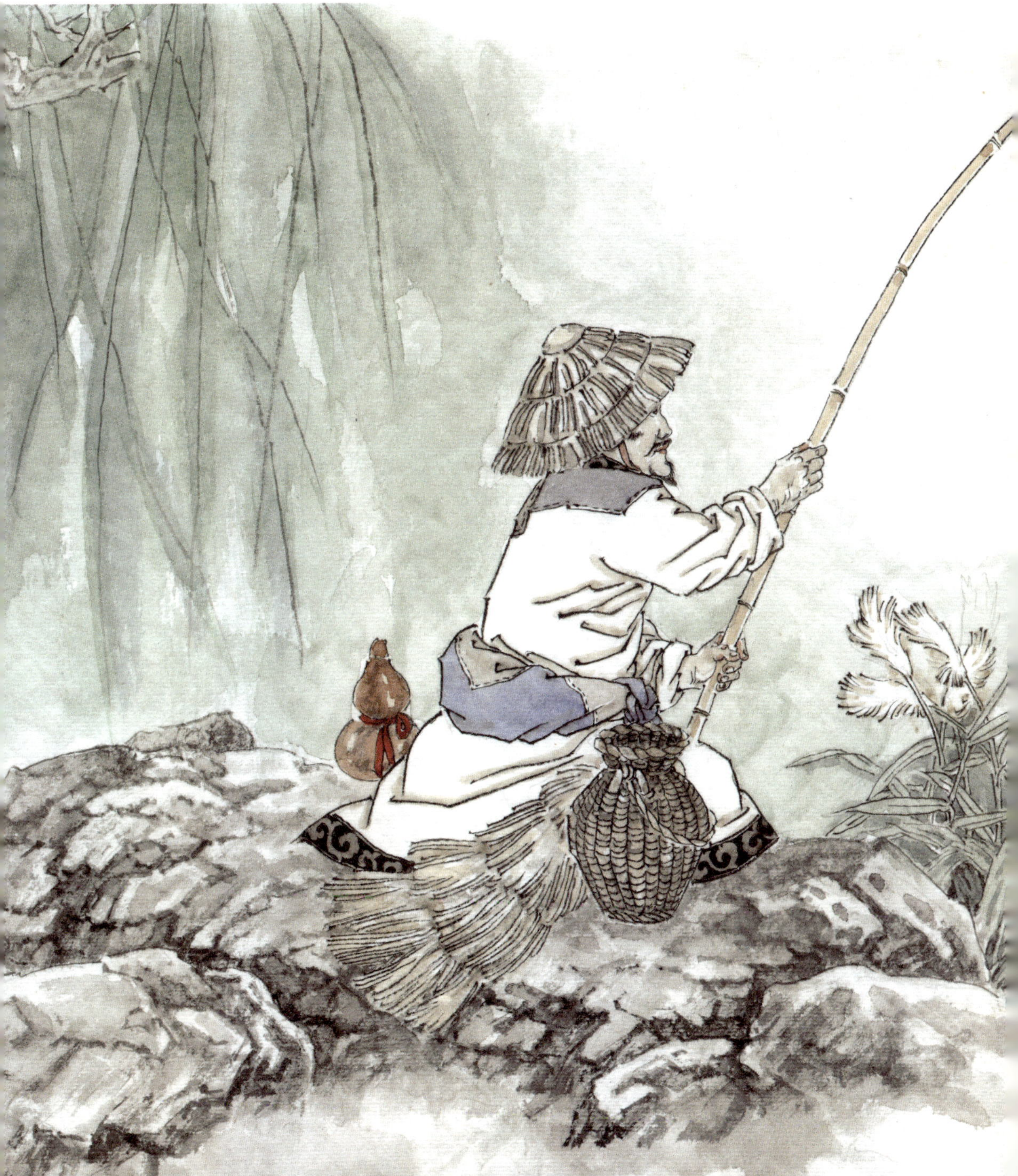

庄子虽然无意为官，

却无法阻挡他人的忌惮与中伤。

好友惠施（即惠子）当上魏国的相国后，

庄子打算去探望他。

惠子听信谗言，

以为庄子是来夺取相位的，

便命人在大梁城中搜捕庄子达三天三夜。

庄子听闻，主动去见惠子，

说："南方有种鸟，名叫鹓鶵（yuān chú）。

它从南海飞往北海，

不遇高洁的梧桐树从不栖止，

不见竹实从不进食，

不闻甘美清醇的泉水从不饮用。

可笑的是，

那专吃臭老鼠的猫头鹰，

生怕鹓鶵夺食，发出声声恐吓。

现在，你是要拿你的臭老鼠（魏国）来恐吓我吗？"

惠施，战国时期宋国人，著名的政治家、思想家，是名家学派的开山鼻祖和主要代表人物。

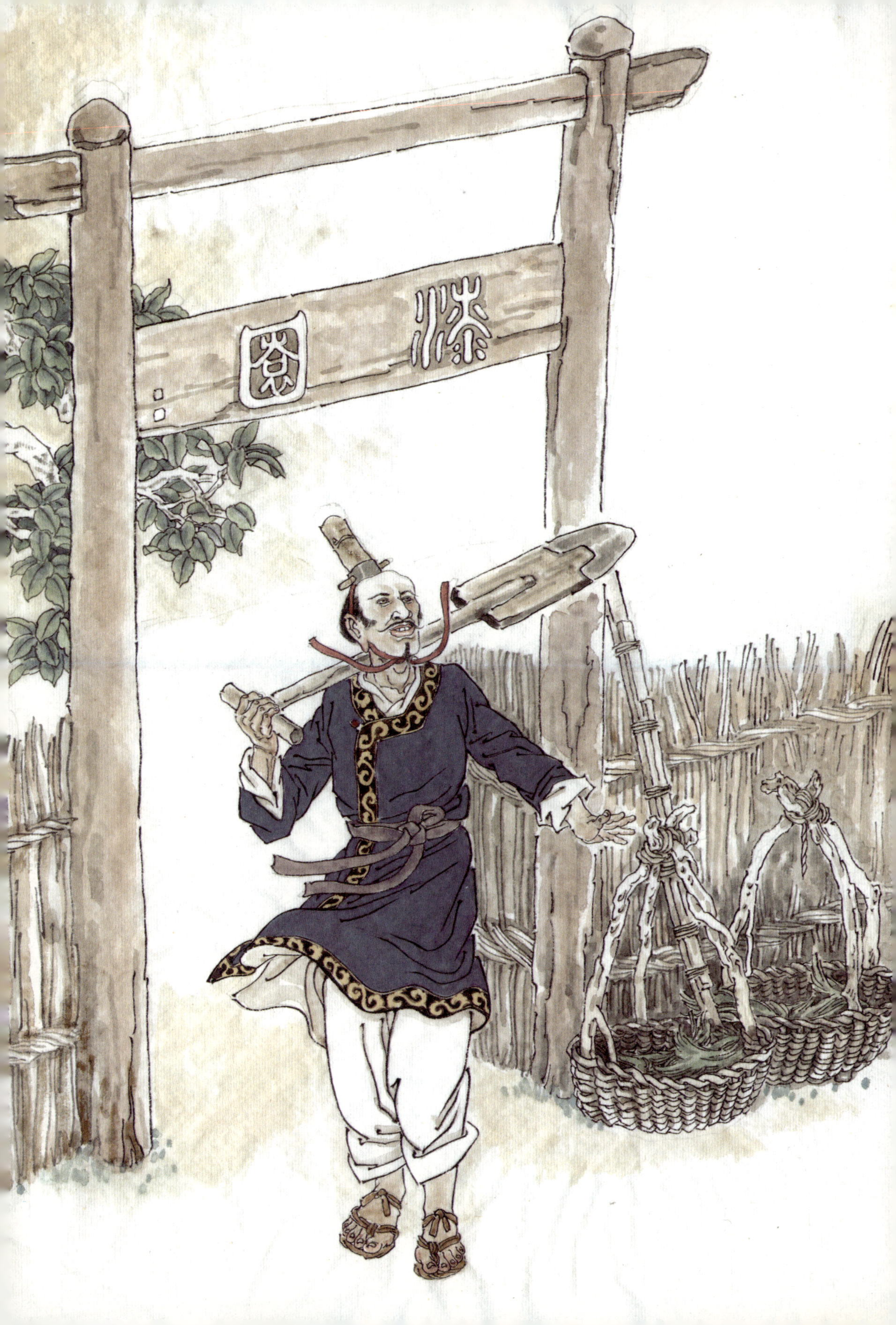
漆园

对于朋友的猜忌，

庄子一笑而过。

而面对世俗的势利，

他的讥讽则显得更为锐利。

据《史记》记载，

庄子曾出任漆园吏，

但以他的孤傲与清高品格，

为官自是不能长久。

众人重利，廉士重名，贤士尚志，圣人贵精。 《庄子·刻意》

夫言非吹也。言者有言，其所言者特未定也。

《庄子·齐物论》

◎庄子井

　　位于河南省商丘市民权县青莲寺村,相传为庄子取水处。

平日里庄子身居陋巷,

以编织草鞋为生,

有时还饿得面容枯槁(gǎo)。

一天,他不得已去向监河侯借粮,

监河侯假惺惺地答道:

"行,我将要得到封地的税金,

那时我借给你三百金,

可以吗?"

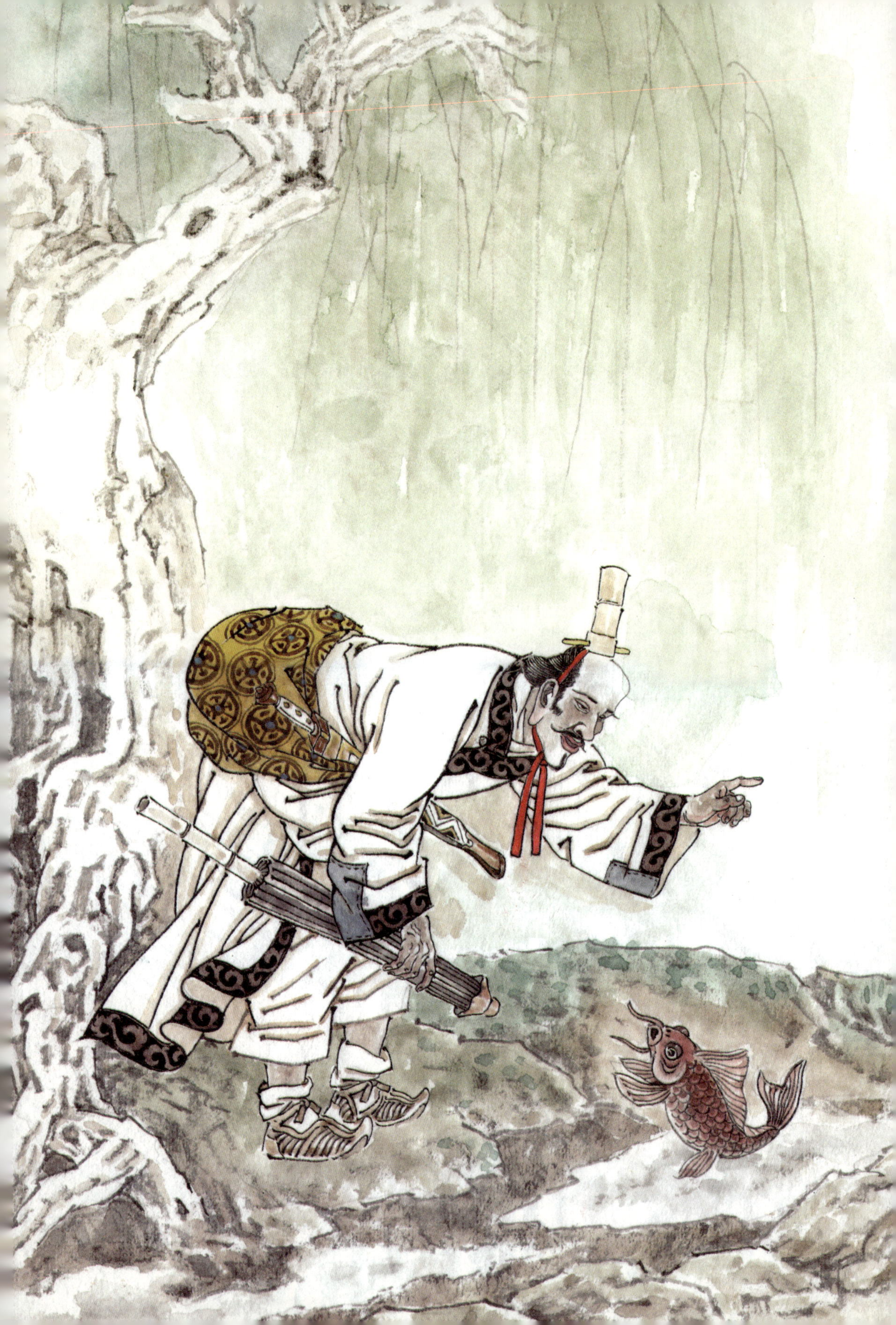

庄子当场拆穿了监河侯的虚伪，

说道："我在来的路上，

碰巧遇到有条鱼儿在车辙中呼救，

它说自己是东海的水族，

想讨要升斗之水来活命。

而我答应它，

将去南方游说吴越之王，

引西江水来救它。

那小鱼儿听后生气地说道：

'现如今我失去了存身之所，

只求一升一斗立时活命的水源，

您可倒好，

还要千里请水，

倒不如早些去干鱼铺子找我罢了！'"

道隐于小成，言隐于荣华。　　《庄子·齐物论》

不为轩冕肆志，不为穷约趋俗。 《庄子·缮性》

宋国有个势利小人叫曹商，

曾奉命出使秦国，

得了秦王赏赐的一百乘车，

回来见到住在陋巷中的庄子，

便忍不住开口嘲笑他的贫穷困苦。

曹商得意地说道：

"庄先生，要说住着小巷，

织鞋糊口，饿得发晕，

我不如你。

可要说愉悦秦王，

让他一次赏赐百乘车，

恐怕这样的本事你就比不得我喽！"

庄子也不辩白，只答道：

"秦王病中召医，

破除其脓疮的人可得车一乘，

舔治其痔疮的人可得车五乘。

医治的方式越卑下，

获得的车乘赏赐越多。

看您这获赏百乘车的架势，

想必秦王的痔疮都让您给舔治好了吧！"

赵文王喜欢剑术，剑士们纷纷前来在他面前献技，相互拼杀，死伤众多。同时，尚剑之风也导致赵国游手好闲之徒日众，国力渐衰。太子为此忧虑不已，便以千金请庄子前来劝谏文王。庄子拒辞千金，慨然答应。他穿着剑士的服装，见了文王也不下拜，只说："我的剑，十步就可杀人，行走千里也无人能够阻挡。"

人莫鉴于流水而鉴于止水，唯止能止众止。

《庄子·德充符》

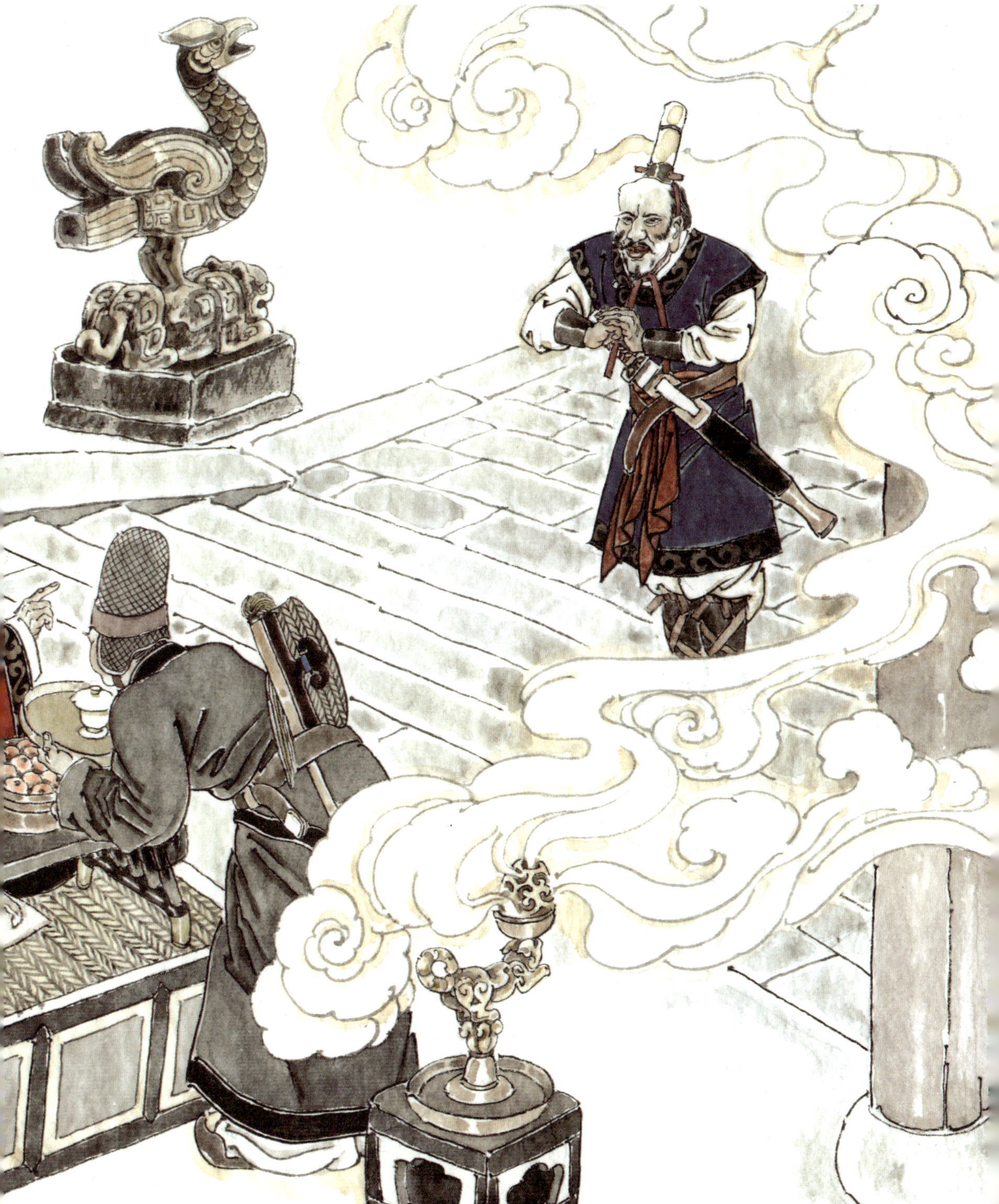

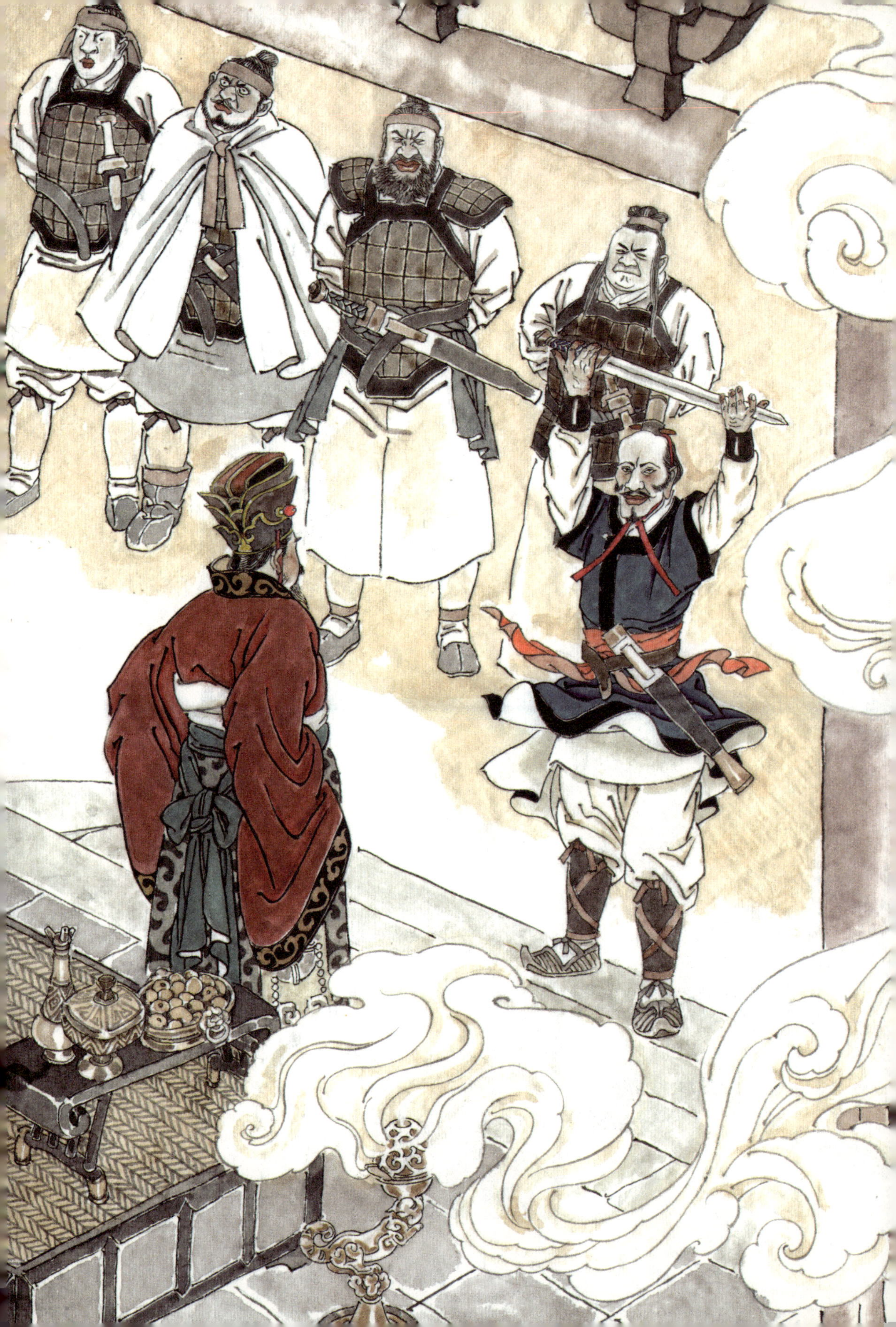

赵文王听闻，十分欢喜，

称赞庄子：

"您的剑法真是天下无敌了！"

接着还宣召全国剑术比试中的

佼佼者来和庄子比拼。

庄子并不急于上场，

而是对赵文王说：

"我拥有三种剑，

您挑选其一。

第一种是天子剑，

它把燕溪的石城山当剑锋，

齐国的泰山当剑刃，

晋国和卫国当剑脊，

周王畿（jī）和宋国当剑环，

韩国和魏国当剑柄，

用中原以外的四境来包扎，

用四季来围裹，

用渤海来缠绕，

用恒山来做系带。

运用天子剑，

可开天辟地，

所向披靡，

匡正诸侯，

天下顺服。

第二种是诸侯剑，

它把智勇者当剑锋，

清廉者当剑刃，

贤良者当剑脊，

忠诚者当剑环，

英雄豪杰当剑把。

运用诸侯剑，

能使海内臣民听从君主的号令。

第三种是庶人剑，

使剑的人蓬头乱发，

瞪红了眼，

拿性命互相激斗，

对于天下却毫无用处。

大王您现在就是处天子之位

却爱好庶人之剑。"

听完庄子的话，

赵文王开始勤理朝政，

不再玩物丧志了。

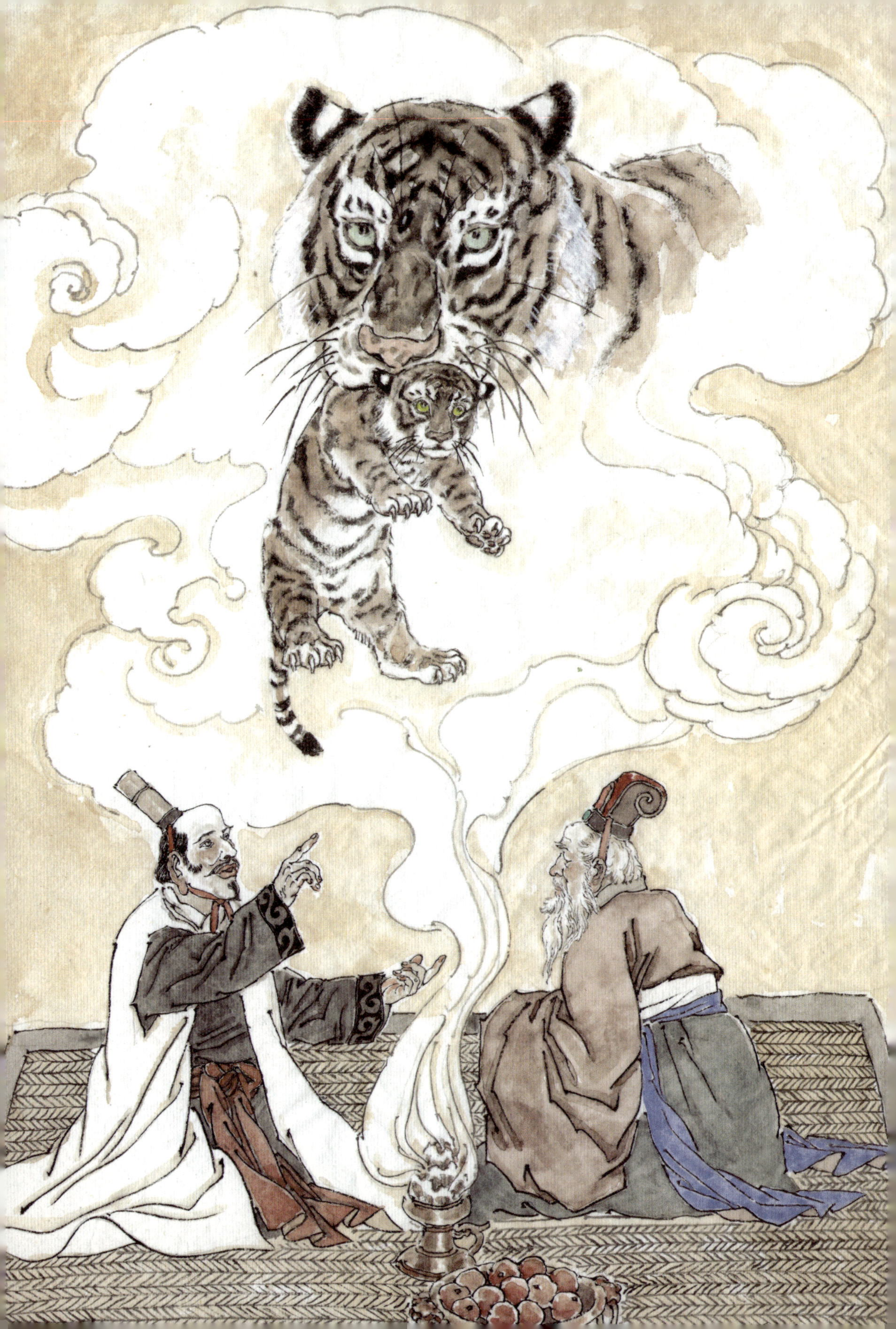

宋国的太宰荡向庄子请教仁爱的问题，

庄子答道："虎和狼也具有仁爱。"

比起人类，

庄子更愿意相信那些看起来凶残

却从不伪饰的猛兽有着相互亲爱的仁德。

太宰荡又问："什么是至仁？"

庄子答道："至仁就是没有亲疏的差别。"

普通的仁，是推己及人，

是老吾老以及人之老，

是己所不欲，勿施于人；

而庄子的仁，

则是放弃以自我为中心的大爱。

夫大道不称，大辩不言，大仁不仁，大廉不谦，大勇不忮（zhì）。 《庄子·齐物论》

朝三暮四，原比喻聪明的人善于使用手段，愚笨的人不善于辨别事情，后来形容反复无常。

庄子所处的时代，

游士、学者都热衷于伸张自家学说，

个个自以为登峰造极，

当为天下所推崇。

庄子却冷眼旁观，

哀叹真正的道术已在无休止的争辩中分崩离析。

庄子讲了这样一个故事：

"从前有位养猴的老翁，

在给猴子分橡栗时提出：

早上给三个，晚上给四个。

猴子们都发怒了。

老翁于是改口：

那就早上给四个，晚上给三个吧。

猴子们又喜形于色，

却不知三与四的总和从未改变过。"

在庄子看来，是非、美丑、善恶……

这些表面的对立全都包容于完满的大道之中。

而天下人却分门别派，

辩论无休，劳思伤神，

这和那些朝三暮四、忽喜忽怒的猴子没有区别。

"沉鱼落雁"的典故原本出自《庄子·齐物论》，

后来人们常用这个词来形容女子的美貌。

但庄子的原意却是这样的：

"人们眼中的美女，

当鱼儿看见时就潜入水底，

鸟儿看见时就飞到高空，

麋鹿看见时就赶紧逃跑。

它们不辨美丑，

只是因为害怕而躲开。"

人又何必用自己对美的定义来臆测其他生命的感受呢？

臭腐复化为神奇，神奇复化为臭腐。故曰："通天下一气耳。"

《庄子·知北游》

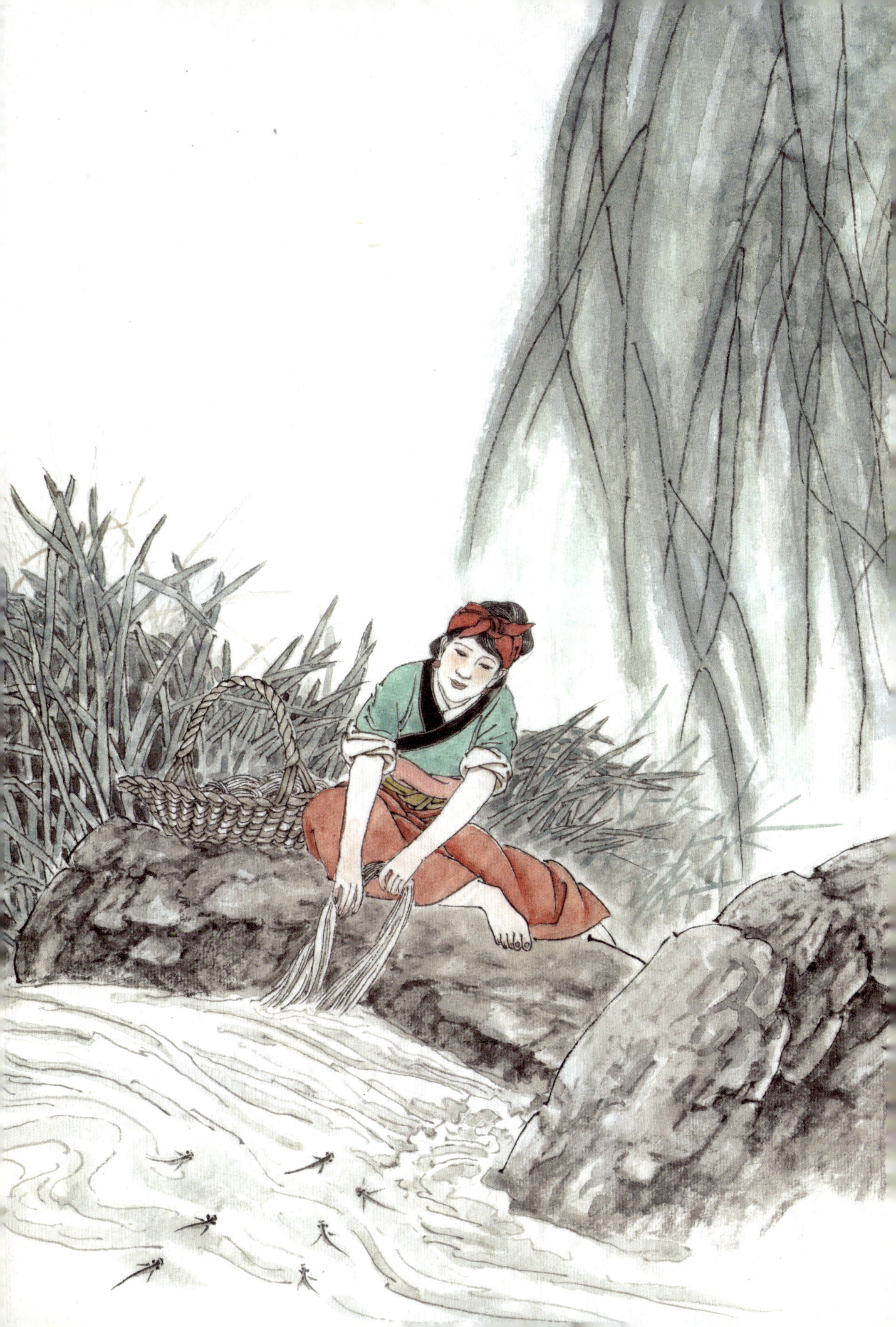

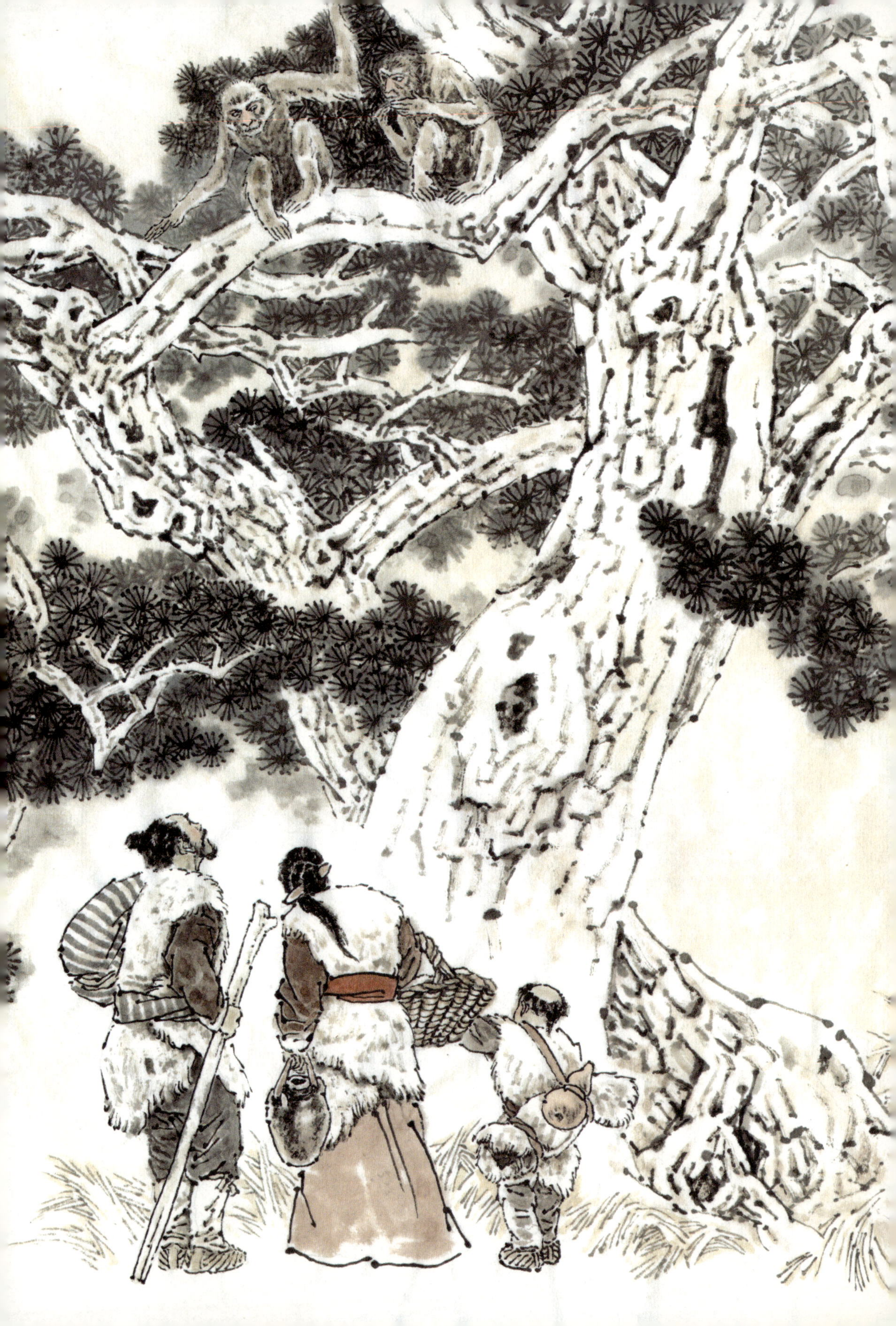

人住在湿地会腰酸背痛、疾病缠身，
泥鳅却不会；
人住在树上会害怕，
猿猴却不会。
庄子以人、猿猴、泥鳅的不同，
来说明天下辩士整日争论不休的仁义、是非，
其实也是千头万绪，
一人一个标准，
根本没有准绳可依。

彼亦一是非，此亦一是非。　《庄子·齐物论》

在《庄子·齐物论》篇，

庄子用骊姬的故事来比喻人们对于死亡的无端排斥：

"骊姬原是骊戎国君的女儿，

刚被纳入晋国王宫时，

思乡的苦楚与对未来的担忧让她整日以泪洗面。

可是有朝一日，

当她赢得晋献公的万千宠爱，

每日与君主相伴，

享用着各种山珍海味、绫罗绸缎时，

骊姬不禁为过去的无知与眼泪而懊恼。"

在庄子看来，

死去后，

人们或许也会为自己之前对死亡无谓的担忧而懊恼呢！

梦饮酒者，旦而哭泣；梦哭泣者，旦而田猎。　《庄子·齐物论》

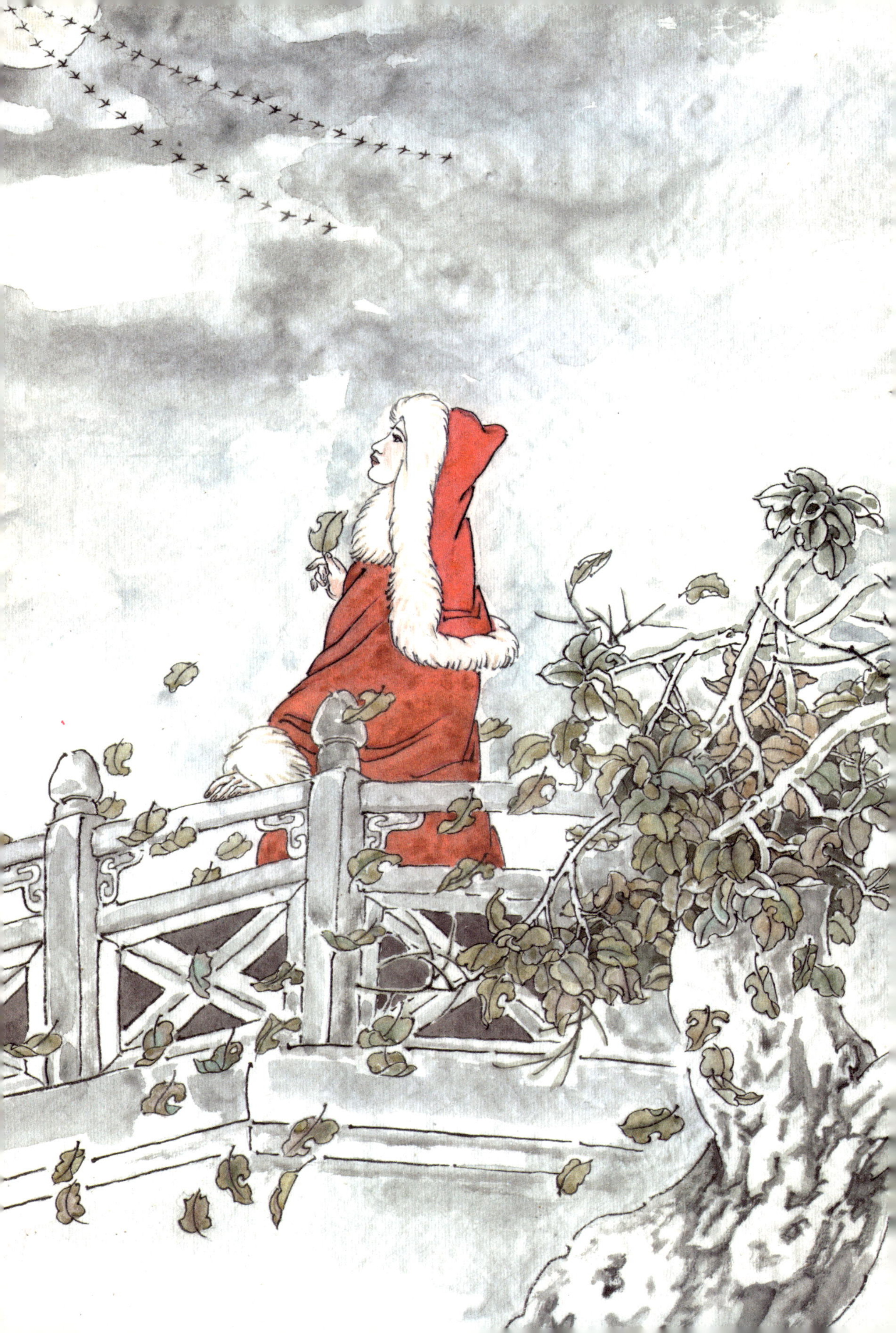

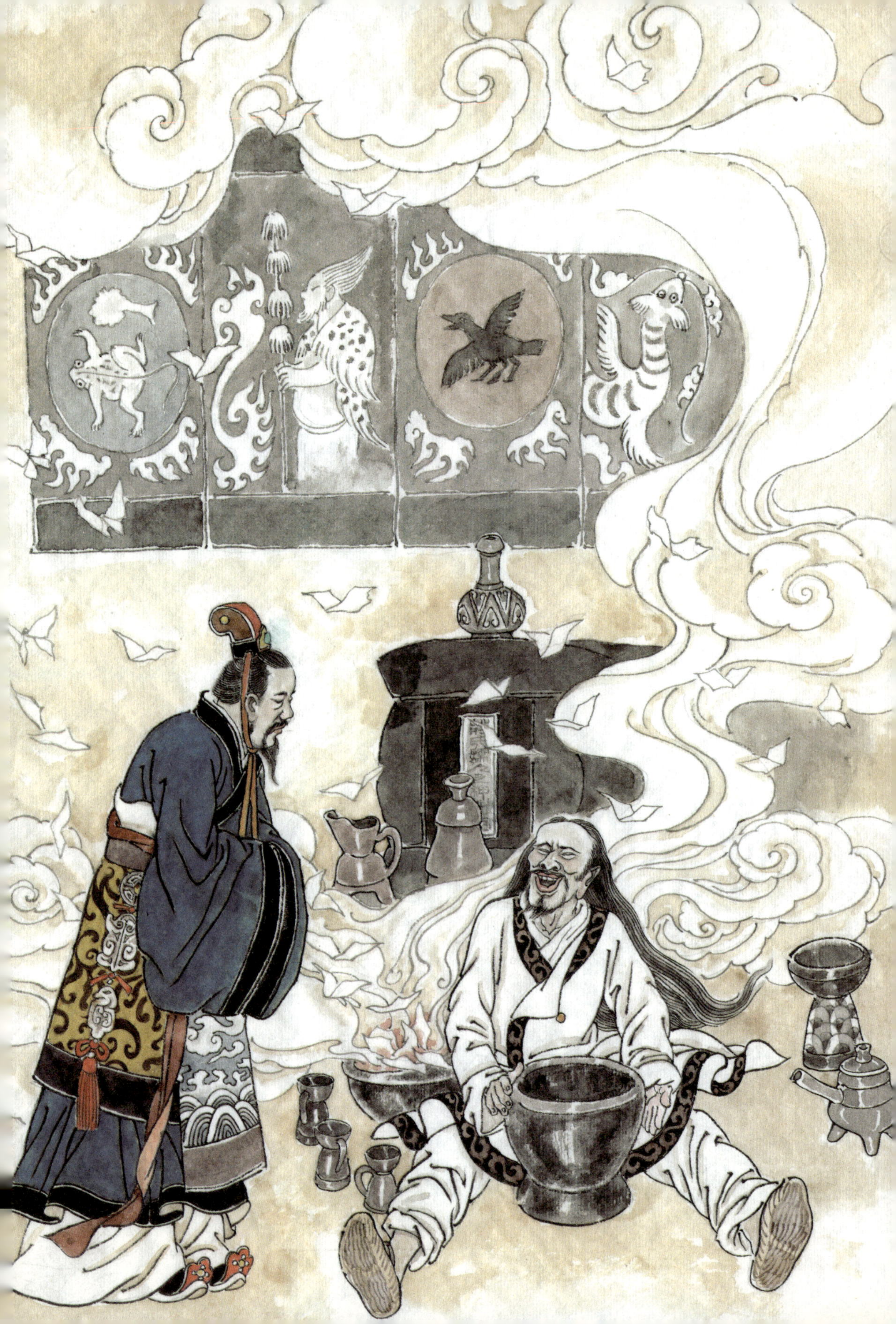

庄子明白，

生与死只是生命的不同状态，

就好像是非、善恶、美丑只是事物的两面，

都不是绝对的，

因而无须为之过悲过喜。

庄子的妻子过世，

好友惠子前去吊唁，

却见庄子在灵堂里叉开双腿，

箕踞而坐，

边敲瓦盆边唱歌，

俨然一副事不关己的模样。

看似离奇的"鼓盆而歌"的故事，

最能体现庄子面临生死之变时的达观与超然。

夫哀莫大于心死，而身灭亦次之。　　《庄子·田子方》

庄子鼓盆而歌，
让准备了一肚子安慰话的惠子瞠目结舌。
惠子忍不住质问庄子：
"你们夫妇共同生活这么多年，
她为你养育孩子，
操持家务，
守贫度日，
辛苦如斯。
现在她去世了，
你不哭也罢，
居然还鼓盆而歌，
未免太过分了吧！"

方生方死，方死方生；方可方不可，方不可方可。

《庄子·齐物论》

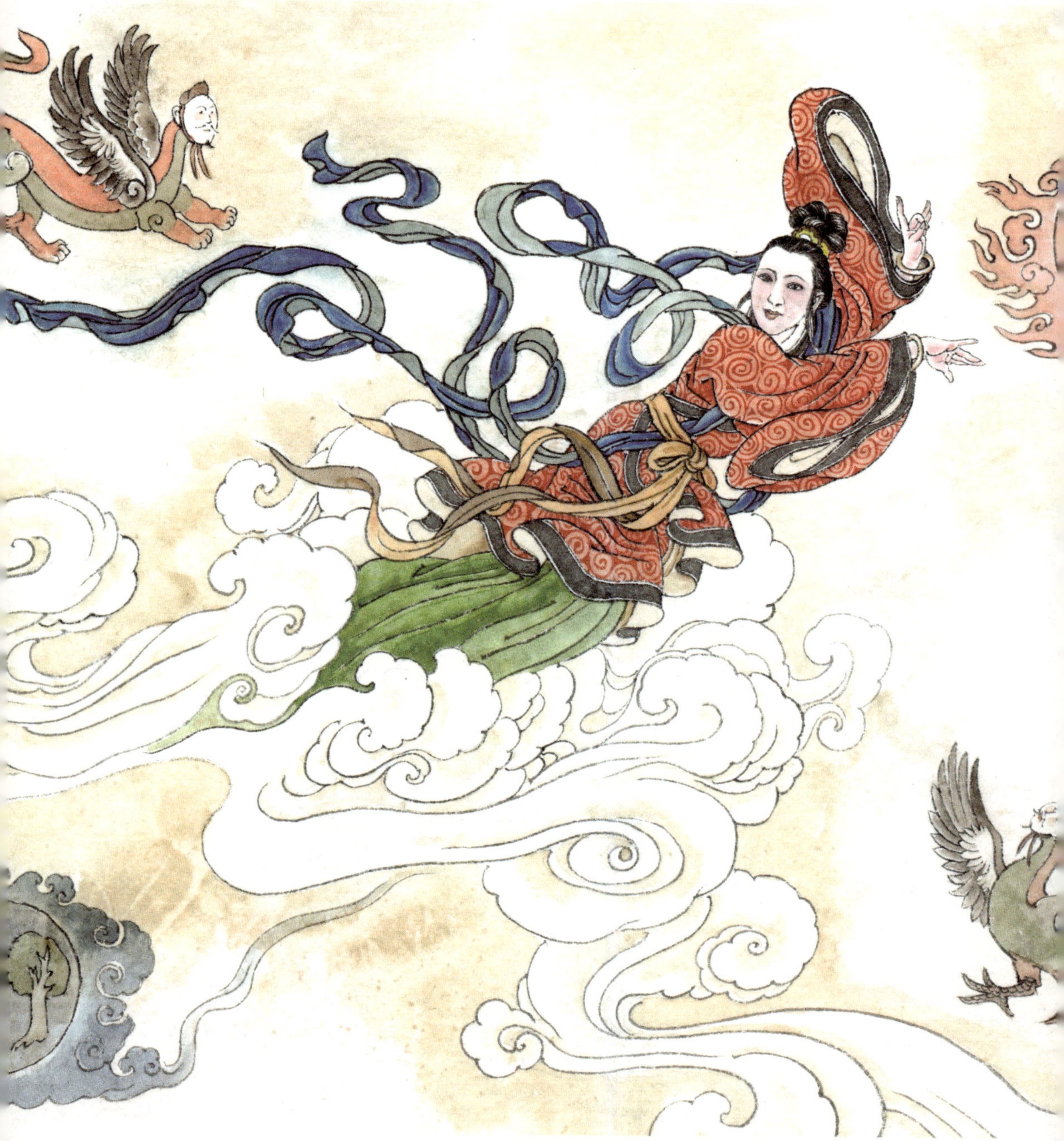

庄子答道：

"她这一走，我何尝真的无动于衷？

又何尝没有落过悲伤的泪水？

但细细想来，

从前我身旁不也没有她执手相伴？

从前这世上不也一样没有她这个生命，

没有她美好的形体与灵魂？

所有的生命，

包括我和我的妻子在内，

都是慢慢从'无'到'有'，

由一片混沌隐约的气息化出具体的形骸与生命，

之后再经由死亡重新回归到清净安宁的'无'。

这样看来，

人世间的变幻起灭与春夏秋冬的四季轮回

又有什么差别呢？

当亲爱的人终于平静地将自己的生命

交还给运息交替的宇宙，

我又凭什么非得在这里落一些无谓的眼泪呢？"

安时而处顺，哀乐不能入也。　《庄子·养生主》

惠子曰:"子非鱼,安知鱼之乐?"庄子曰:"子非我,安知我不知鱼之乐?" 《庄子·秋水》

有一天,

庄子和惠子一道在濠水的桥上游玩。

庄子看着水中自在摆尾的小鱼儿,

不由赞叹道:

"鱼儿真是快乐!"

爱好探究万物的惠子则在一旁问道:

"你又不是鱼,

怎知鱼儿很快乐?"

庄子知道老友的脾气,

偏要逗他一逗,又反问:

"你又不是我,

怎知我不知鱼很快乐呢?"

惠子一急,便道:

"我虽不是你,

不知你知不知鱼儿快乐不快乐;

但由此说来,

你也不是鱼儿,

又怎知鱼儿很快乐呢?"

庄子微微一笑:

"我怎么知道的?

我是在濠水的桥上知道的啊!"

说罢便自顾自地逗弄水中的鱼儿去了。

惠子指斥庄子的言谈荒诞无稽，
就像不能盛水的大葫芦或是盘根错节的大樗（chū）树一样，
"大而无用"，
不能为世所用。
但在庄子看来，
同样的东西用在不同的地方，
效果大不一样。
人们要善于用发现的眼睛探索事物的最大价值，
从而完美地利用它。
自己的学说大有用处，
只是惠子不能通晓领悟罢了。

日出而作，日入而息，逍遥于天地之间而心意自得。

《庄子·让王》

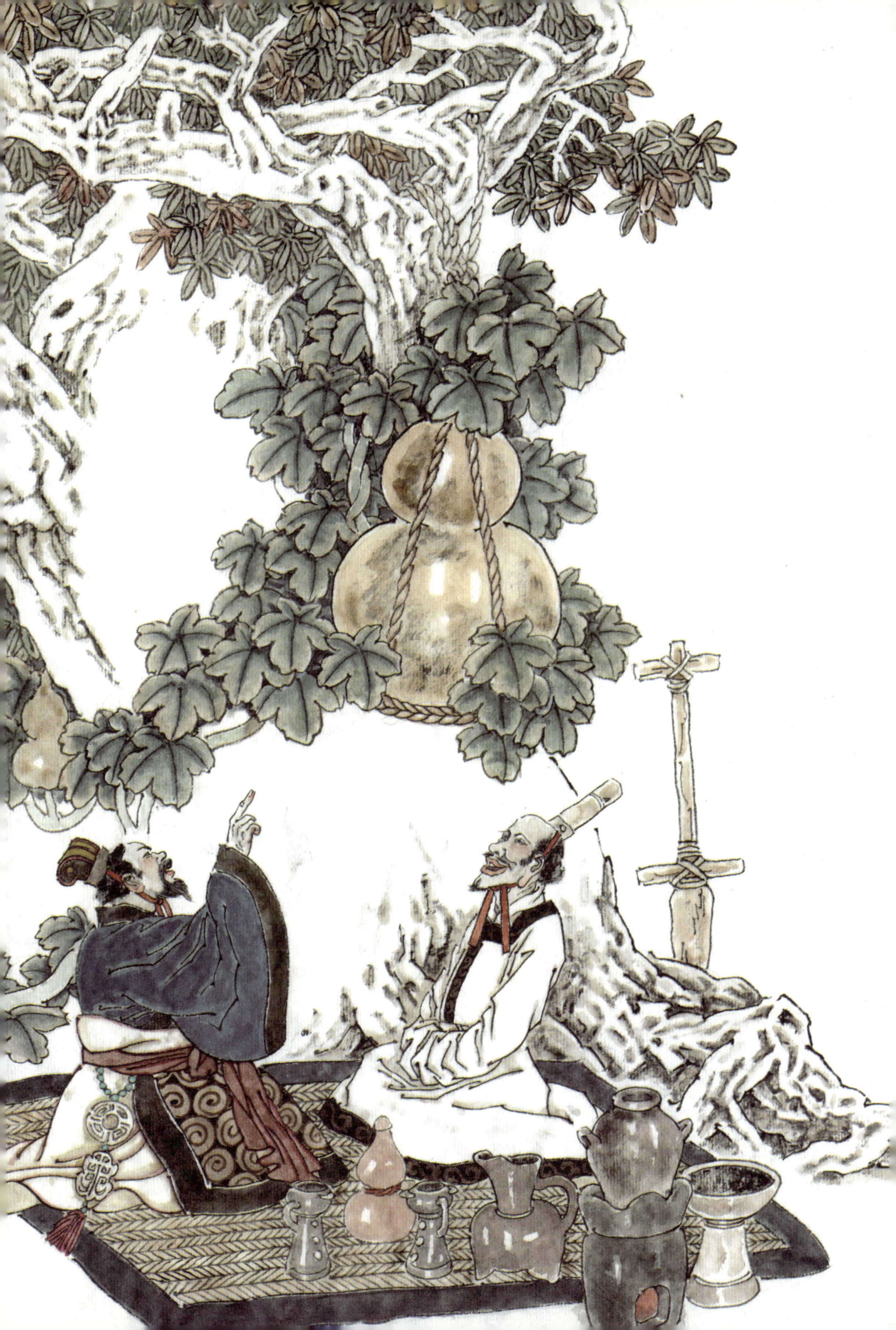

庄子说:"宋国有人善于制造不龟裂手的药物,

世世代代以漂洗丝絮为业。

一日有客从远方来,

出资百金买了他们的药方,

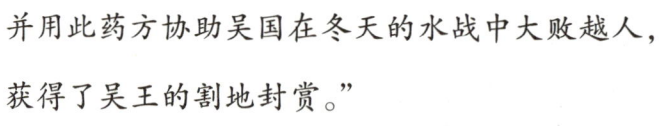

并用此药方协助吴国在冬天的水战中大败越人,

获得了吴王的割地封赏。"

不以物挫志。 《庄子·天地》

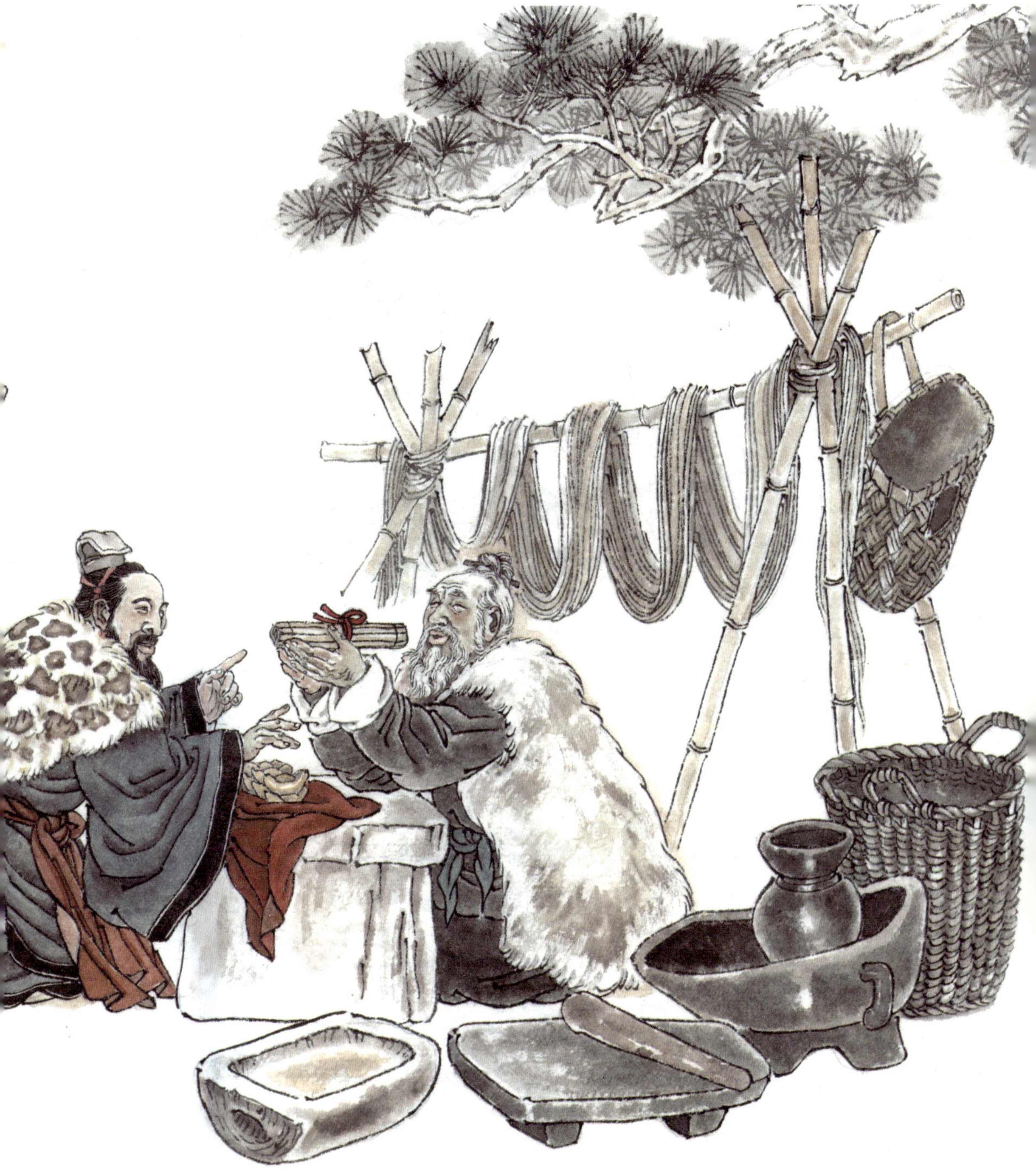

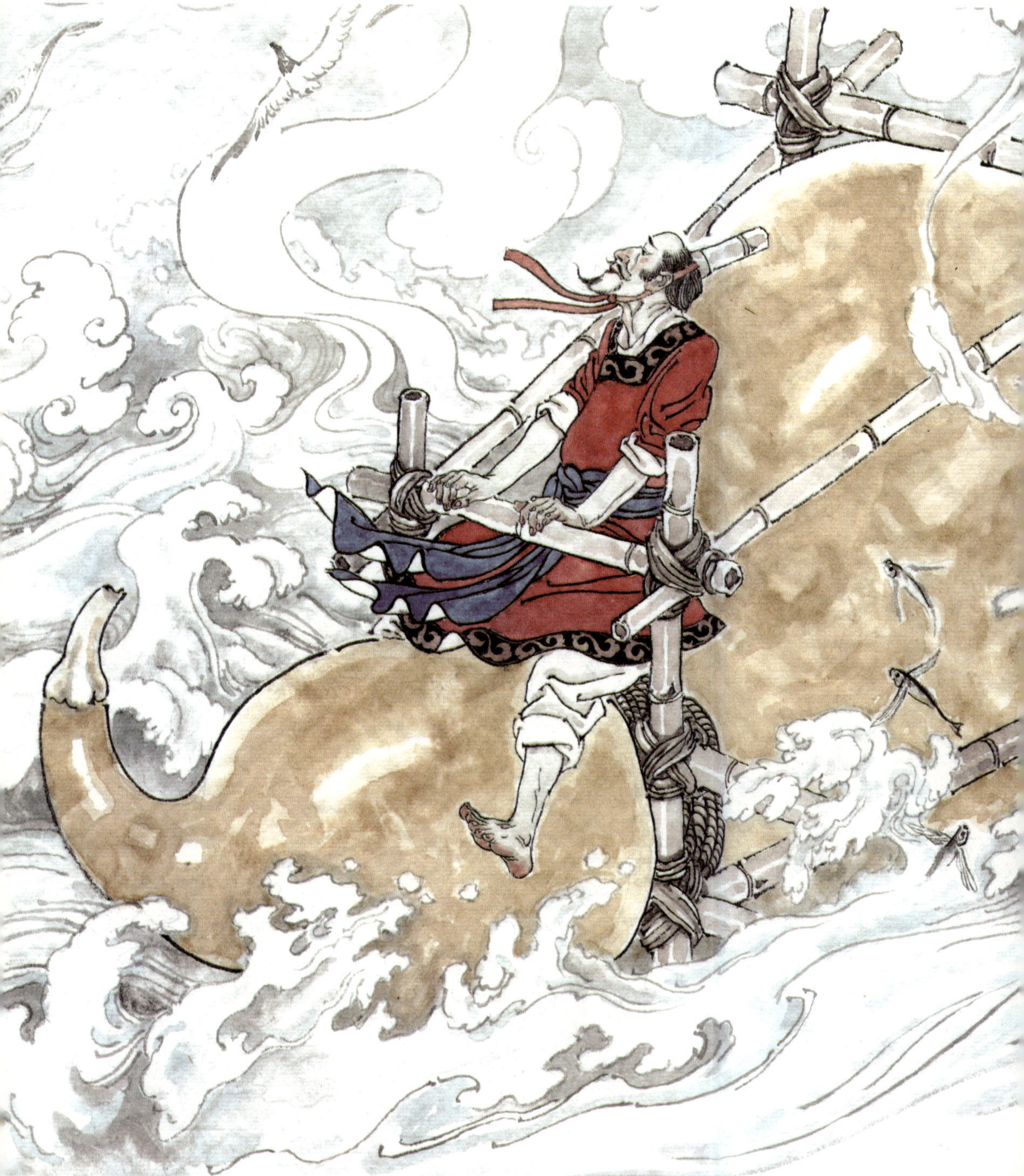

庄子感慨地说：

"同样是不龟裂手的药物，

有人靠它漂洗丝絮，

有人却用它赢得战争与封赏。

由此可见，

对于同一事物，

就看人们如何去用。

看似无用的大葫芦，

为何不能系在腰间浮游四海？

看似无用的大树，

却正能因此保全自身而不受砍伐，

人们还能寝卧其下。"

人皆知有用之用，而莫知无用之用也。

《庄子·人间世》

庄子认为，

人们都知道有用的用途，

却不知道无用的用途。

"无用之用"，

才是最大的用处。

但也不尽然。

在带领弟子游历天下时，

庄子曾亲眼见过大树因为材质不良

而躲过伐木者的砍伐，

家禽却因为不会鸣叫

而提早被主人宰割，

有用者不能尽享天年，

无用者也难逃一劫。

面对不可预知的未来，

面对生活中普遍存在的两难抉择，

庄子说：

"那我就在有用与无用之间安放自己吧，

虽然这也未见得圆满。"

真者，精诚之至也。不精不诚，
不能动人。　《庄子·渔父》

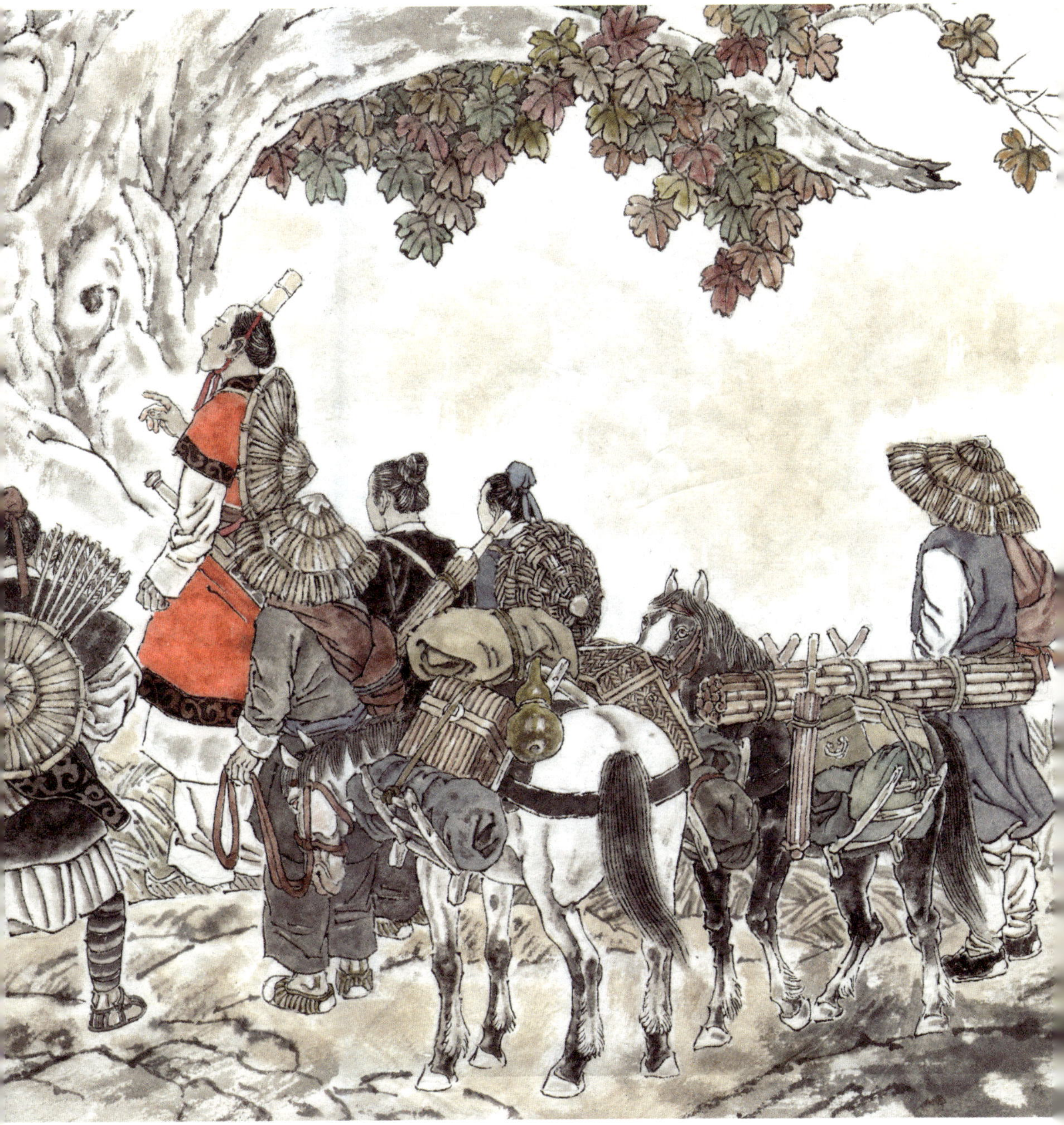

运斤成风，形容手法熟练、技艺高超。

惠子一生以口才自负，
尤其喜欢与庄子争辩是非。
他们虽然观点常有不同，
但话语间机锋不断、妙语迭出，
关系倒也非比寻常。
惠子死后，
庄子同样没有痛哭流涕，
只是在惠子墓前看似随意地讲了个故事：
"楚都郢城有位粉刷匠不小心在鼻尖沾上了苍蝇翅膀大小的一块白土，
他让身旁一个叫石的匠人帮忙去掉。
匠人石看也不看，
抡起斧子就向他挥来，
只听呼呼一阵风响，
斧子过处白土转瞬无踪，
那人的鼻子却毫无损伤。
宋元君听说了这一奇闻，
就派人把匠人石召进宫，
让他也用斧子来砍自己鼻子上的白土。
匠人石怅然道：
'我过去是能这么抡斧子，
但那个能和我一起完成这种默契举动的知己已经故去很久了……'"

讲完故事,
庄子凝视着惠施的墓碑,
幽幽地说道:
"自从你死去后,
再也没有可以和我对话的人了,
我也不知道还有什么可说的了。"
高山流水,弦断人亡,
在荒芜人世失却至交的创痛,
本不是几滴眼泪所能表达的。

君子之交淡若水,小人之交甘若醴(lǐ)。君子淡以亲,小人甘以绝。 《庄子·山木》

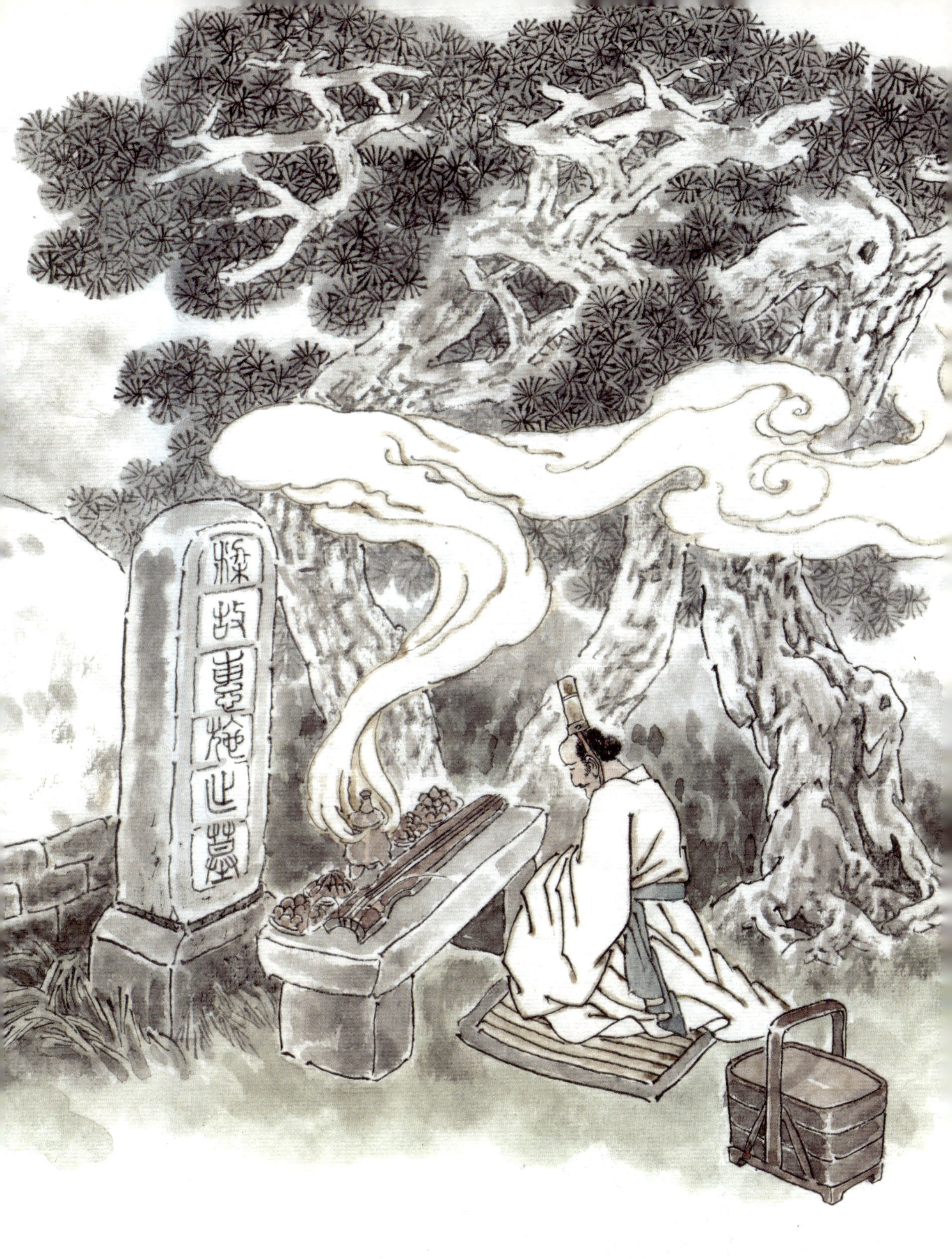

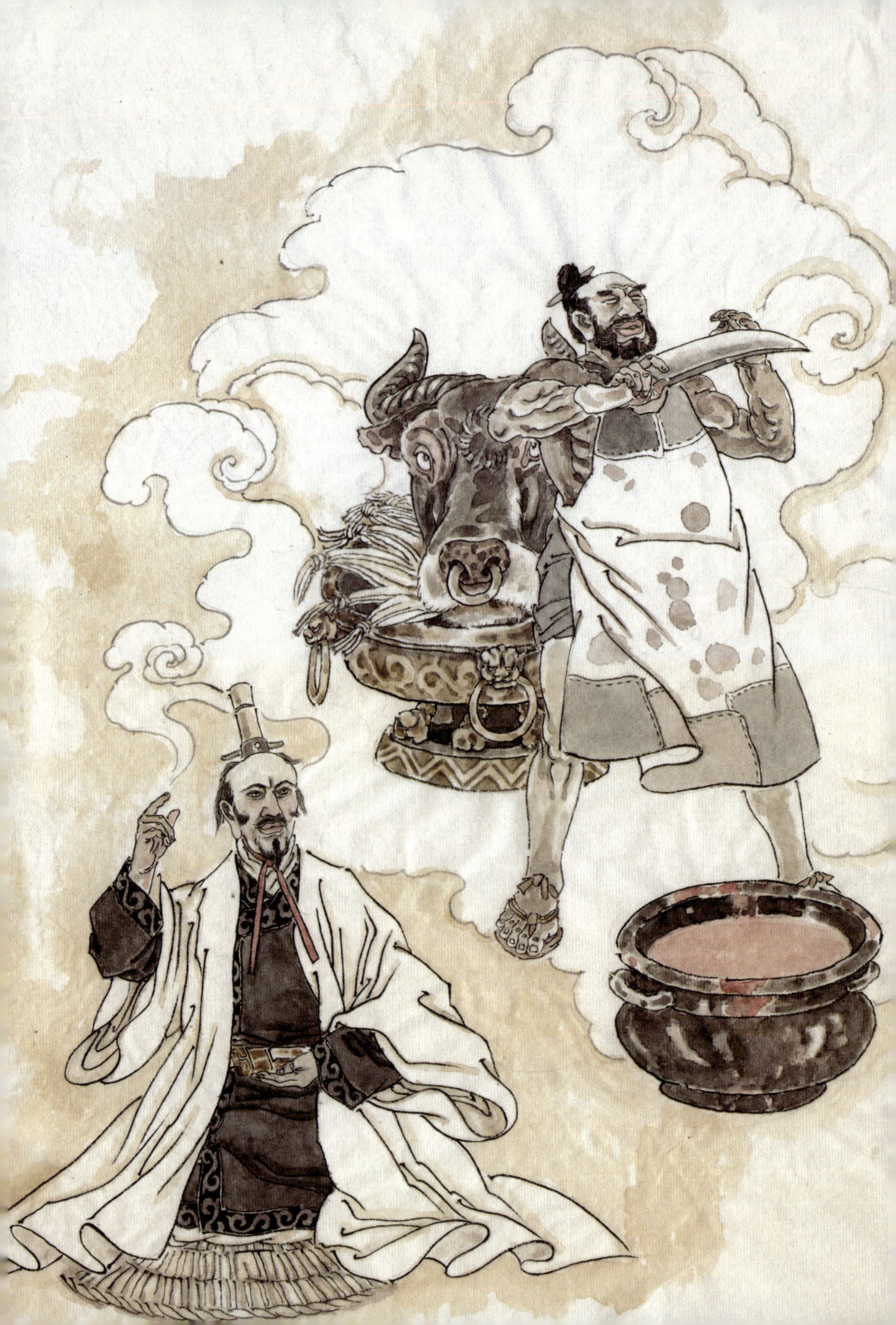

庄子特别爱用寓言来传达心中所想。

在"庖丁解牛"的寓言中，

庄子说道：

"庖丁有着非凡的宰牛技艺，

他熟知牛的身体构造，

将刀游走在牛筋骨间的空隙处，

牛就像散落的泥块般豁然解体。

整个宰牛过程自然流畅，

令旁观者赏心悦目。

普通厨师直接用刀去砍牛的骨头，

刀一月一换；

好厨师用刀去割牛的筋肉，

刀一年一换；

而庖丁的一把刀用了十九年，

宰过数千头牛，

刀口照样锋利簇新，

关键就在于他懂得'游刃有余'。"

"庖丁解牛"，

看似熟能生巧，

但庄子本身并不看重这些表面的技能。

他更推崇的，

应当是"庖丁解牛"中"技进于道"的内蕴。

游刃有余：刀子在牛的骨头缝里自由移动着，没有一点儿阻碍。后来形容做事熟练，轻而易举。

庄子不怎么关注外在形骸的健全与否,

甚至在他的书中还常常会出现一些形貌怪异的得道之人。

《庄子·大宗师》中提及的子舆,

病得腰弯背驼、内脏移位,

面颊缩到肚脐,

却仍然步履艰难地走到井边,

欣赏自己的倒影,

赞叹造物者把自己变作曲背的人。

子舆甚至还说:

"造物者要是将我的左臂变成公鸡,

我就用它来报晓;

要是把我的右臂变成弹弓,

我就拿它来打鸮鸟烤肉吃;

要是把我的尾骨变成车轮,

把我的精神变成骏马,

我就坐上它四处遨游!"

在庄子看来,

只要内在的德性高超过人,

外在形躯是否完整、美好、健全就变得无所谓了。

庄子还主张,

人应当安时处顺,

接受造化赋予形貌的一切变化。

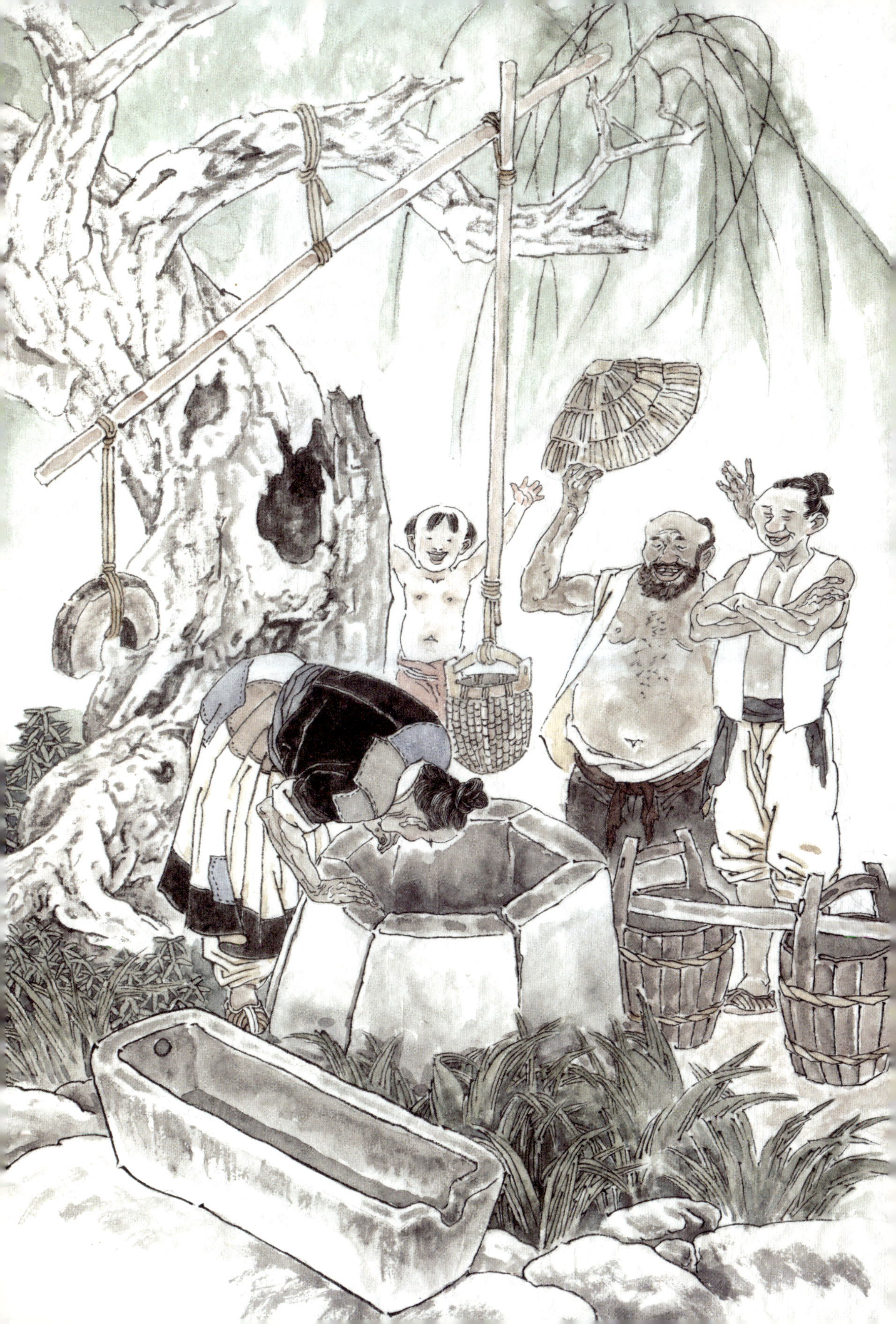

一次，

庄子到雕陵的栗林游玩。

南方飞来一只异常大的雀鸟，

翅膀有七尺宽，

眼睛有一寸圆，

掠过庄子的额前。

庄子拿起弹弓，

快步追随，

准备弹射这只奇异的雀鸟。

至人之用心若镜，不将不迎，应而不藏，故能胜物而不伤。 《庄子·应帝王》

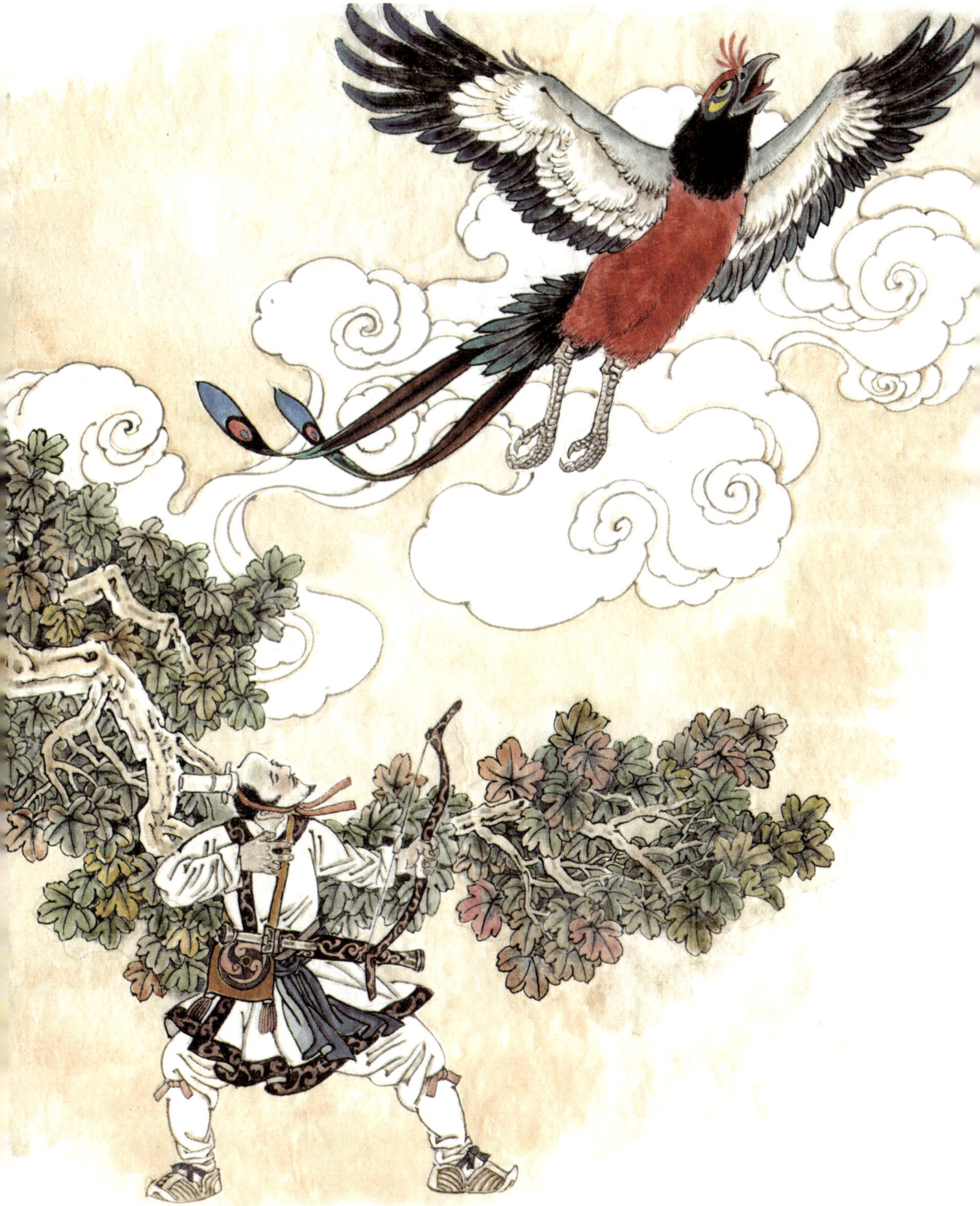

其耆欲深者，其天机浅。

《庄子·大宗师》

这时候庄子看到，

有只蝉正在树荫下独自休息，

没有发现背后的螳螂正伺机捕杀它；

而那只螳螂躲在树叶后蠢蠢欲动，

并不知晓背后还有那只庄子准备弹射的大雀鸟预备对它下口。

庄子见到此情此景，

联想到天下万物相互牵累、相互招引，

不由得扔下弹弓转头跑开，

却被掌管山林的人当作偷栗子的贼，

受到一顿责骂。

庄子回到家中，

整整三天都没缓过神来。

夫大块载我以形，劳我以生，佚我以老，息我以死。故善吾生者，乃所以善吾死也。 《庄子·大宗师》

弟子蔺且询问庄子为何如此不快，
庄子将"螳螂捕蝉，黄雀在后"
的故事告诉他，
并说道：
"我从前只知道保养形躯，
却不知道身体是有真性的，
所以免不了和那些螳螂、黄雀一般
沉迷外物而迷失真性啊！"

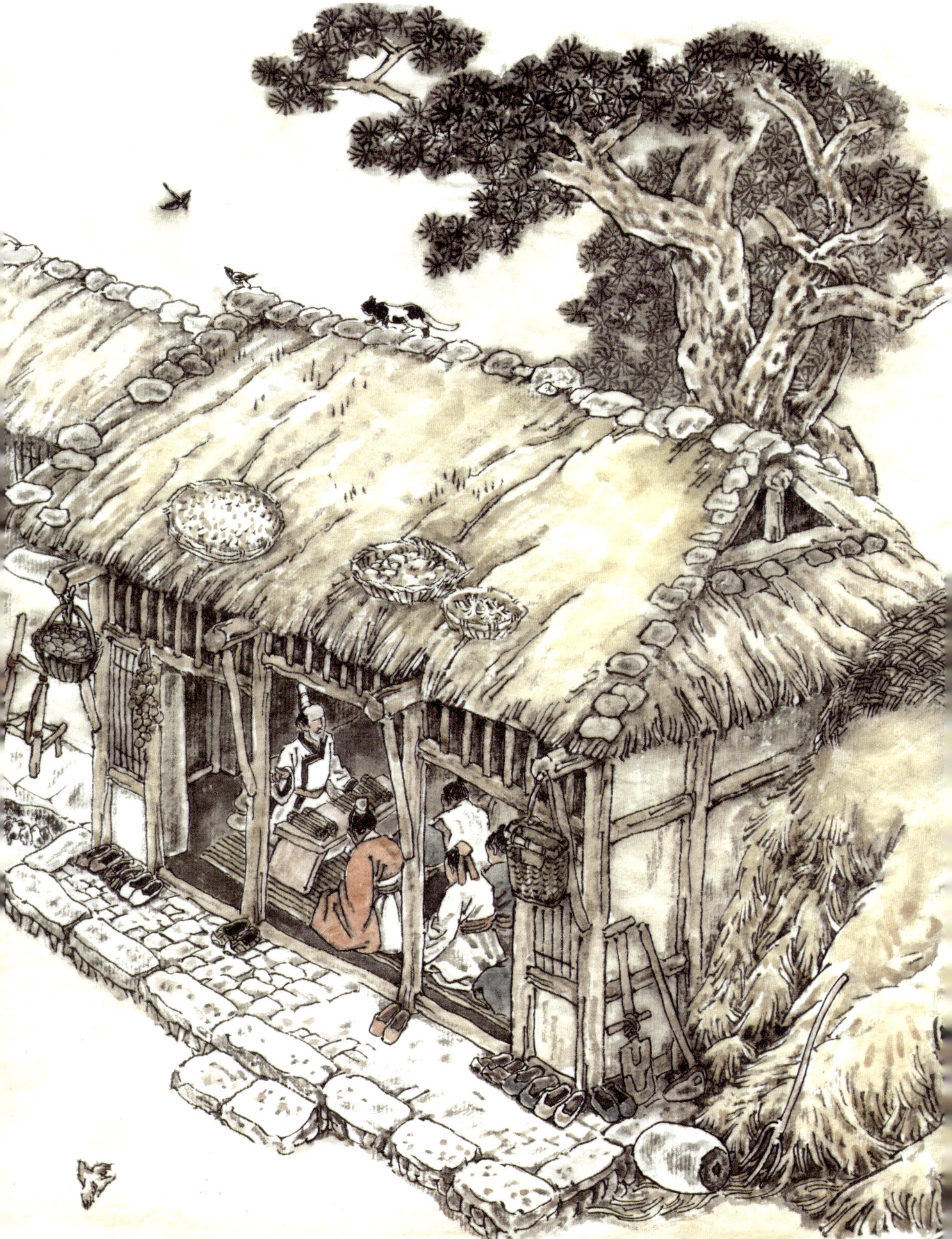

当其他思想家竭尽心力向天下推行自家学说的时候，
庄子却从不曾将自己的言行视为天下的规则与典范。
他坦诚地将自己的所见所闻告知读者，
也将困惑与反思一一书写下来。
庄子一边著书立说，
一边思考着这些语言文字本身的意义。
在他看来，
语言文字当然有它存在的价值，
但是世界上最好的意思却往往在这些语言文字之外。
人们珍爱书籍，
却往往迷失了更宝贵的"言外之意"。

吾生也有涯，而知也无涯。
以有涯随无涯，殆已！

《庄子·养生主》

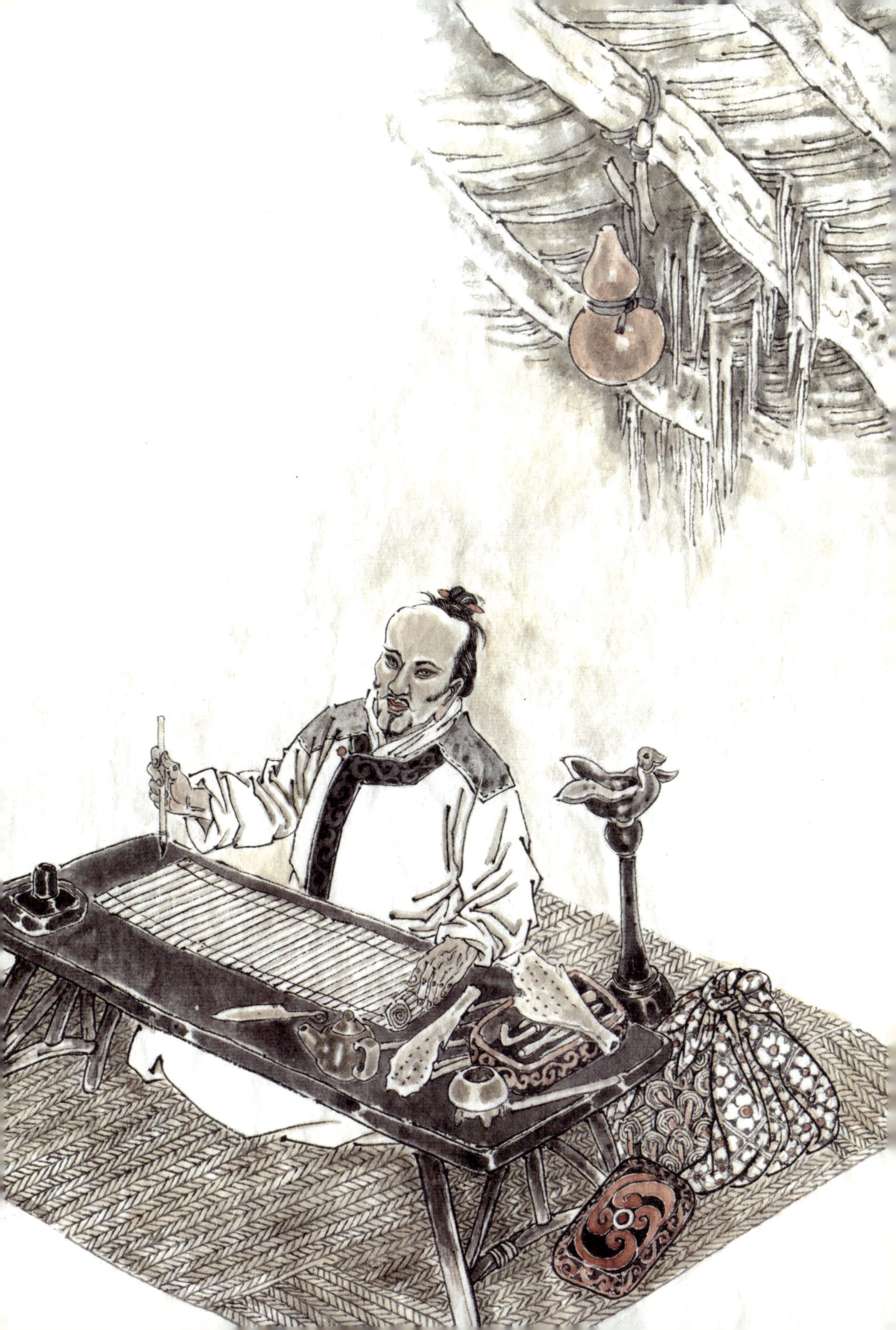

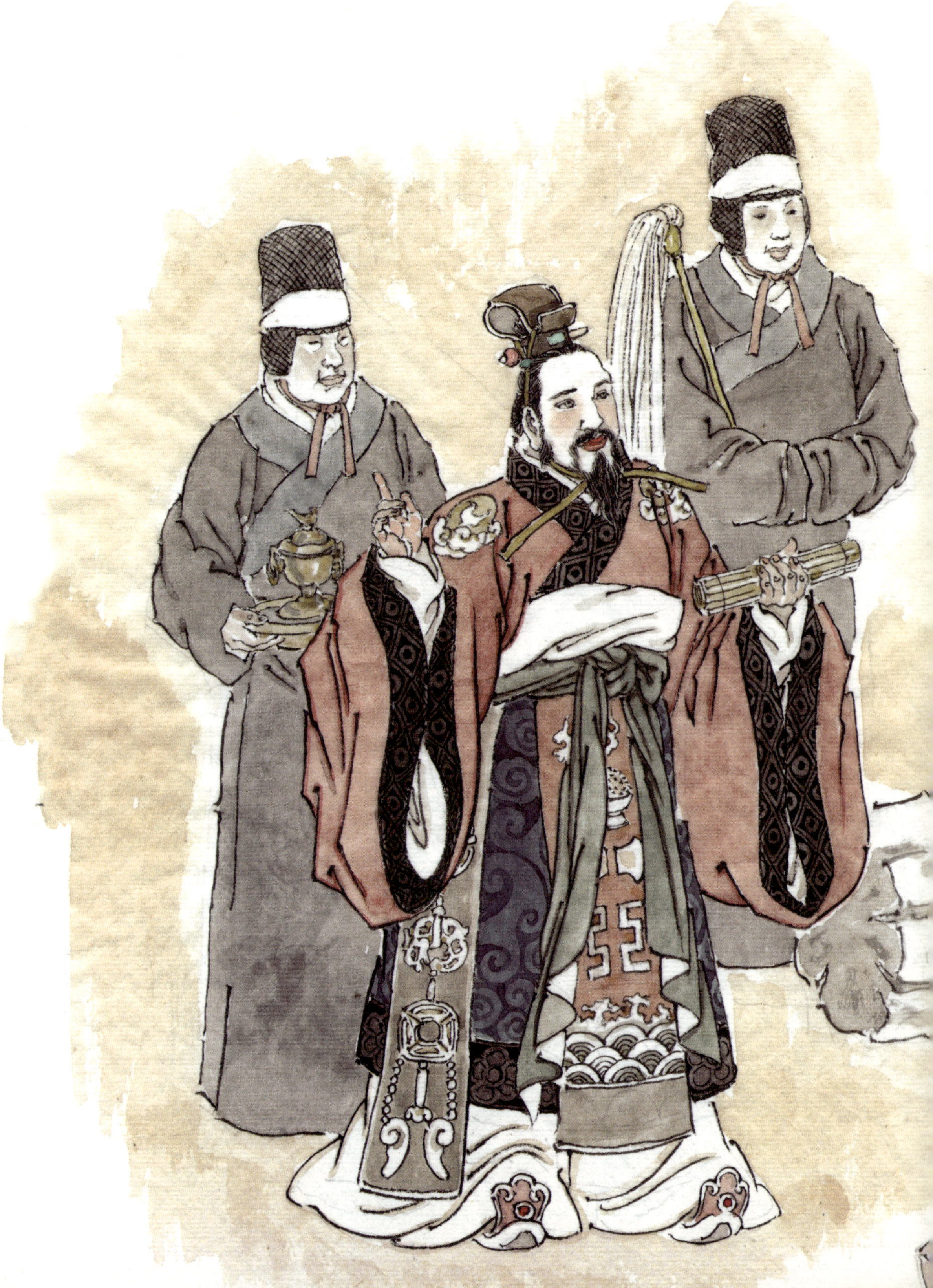

庄子用"轮扁斫（zhuó）轮"的寓言
来解释何谓"言外之意"。
齐桓公在殿堂上读古书，
轮扁在殿堂下削砍木材，
制作车轮。
轮扁对齐桓公说：
"这些写书的圣人既然已经死了，
那您读的不过是圣人留下的糟粕罢了！"

言者，风波也；行者，实丧也。　《庄子·人间世》

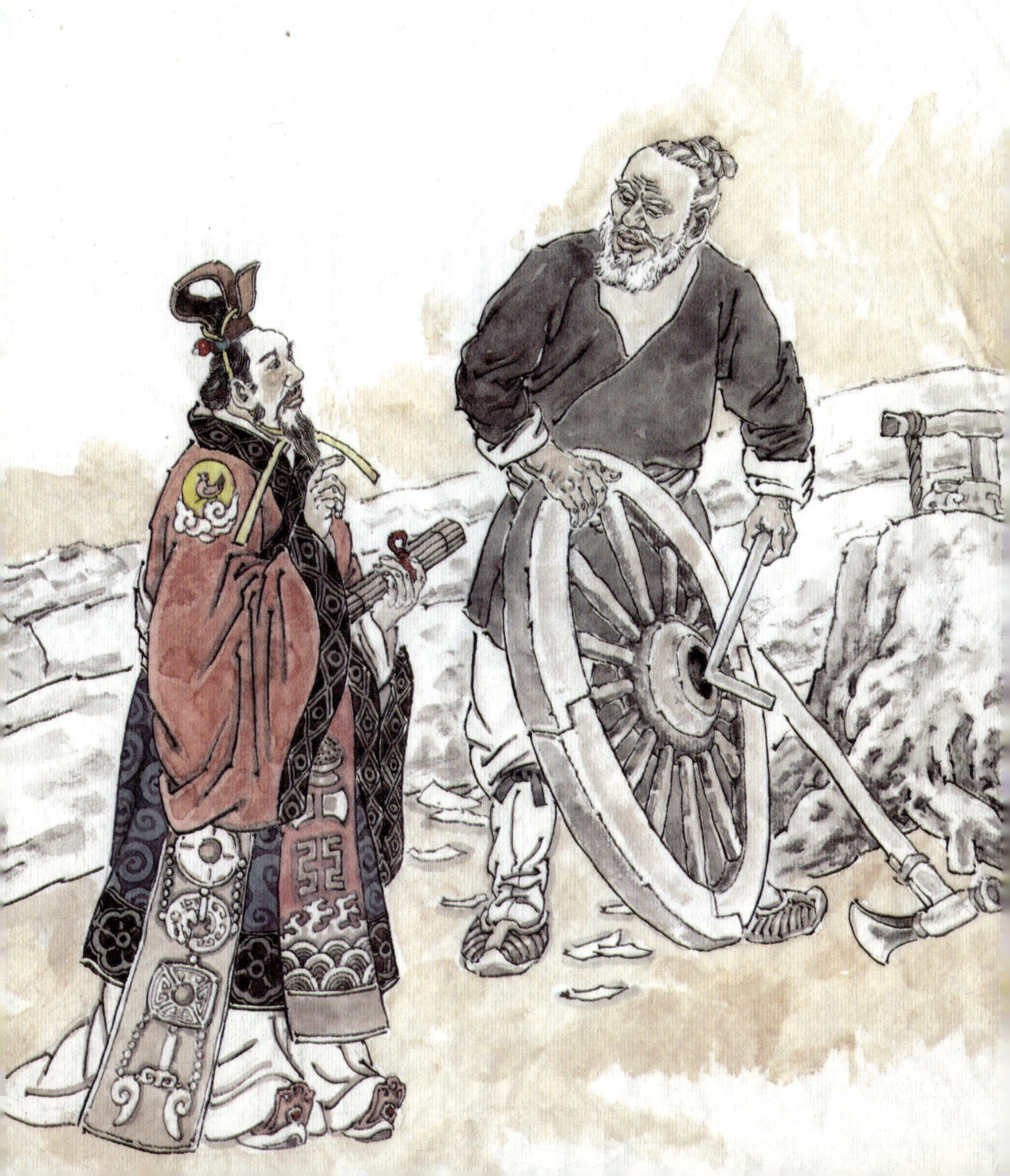

齐桓公一听,

生气地说道:

"做轮子的匠人怎么能随便议论圣贤的书?

你要是讲不出道理来,

就判处你死刑!"

轮扁也不慌张,说:

"这是我从自身的经验中得出的道理。

我对砍制车轮的奥妙得心应手,

嘴里却表达不出来,

连自己的儿子也教不会,

到七十岁了还只能自己砍制轮子。"

天地有大美而不言,四时有明法而不议,万物有成理而不说。 《庄子·知北游》

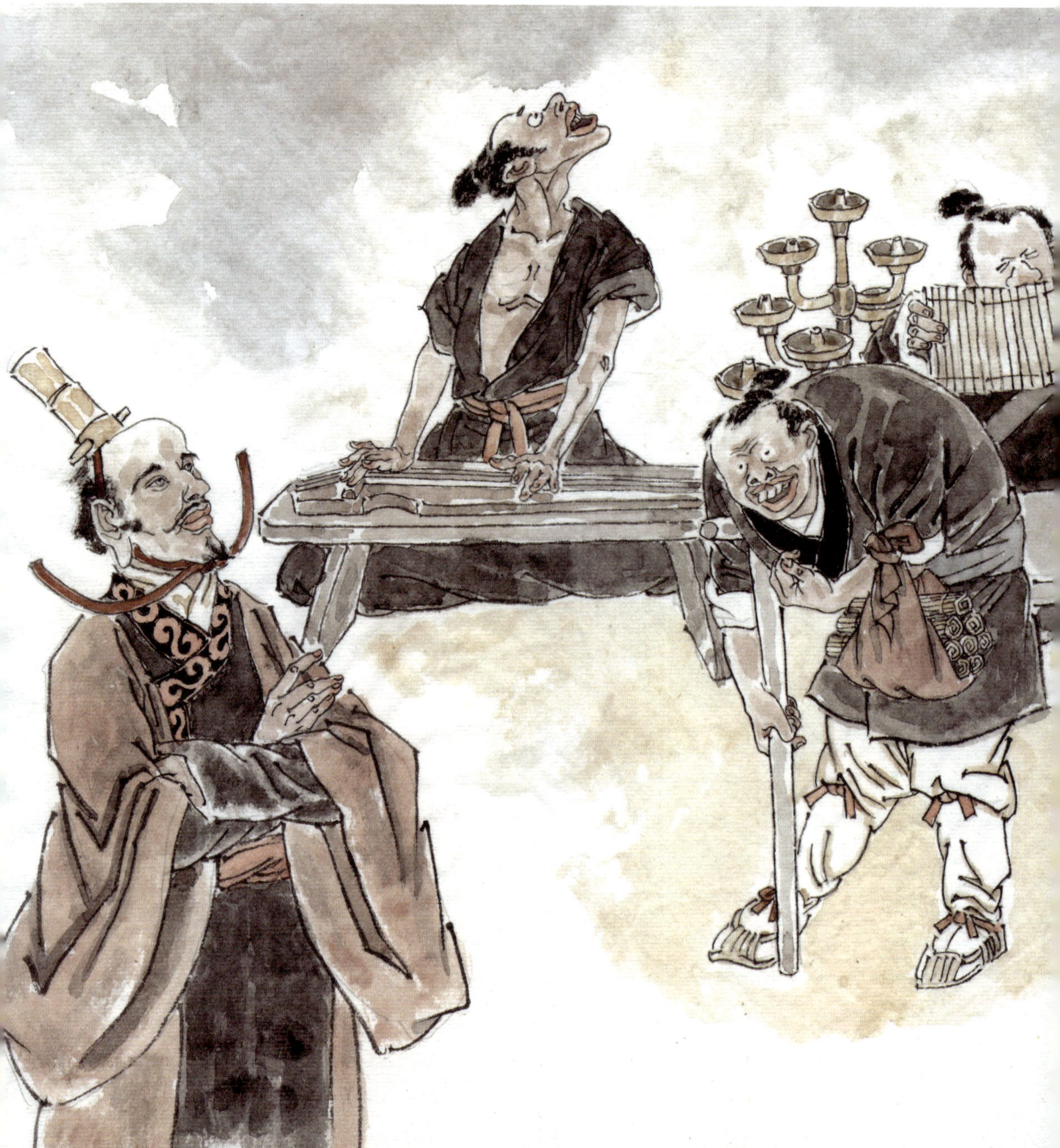

轮扁又说:

"写书的古圣人的生命,

和他那些无法用语言表达的意思,

早就烟消云散了,

所以您读的当然也就只能是

古人留下的糟粕了。"

齐桓公不得不服,

便饶了轮扁。

无听之以耳而听之以心,无听之以心而听之以气。 《庄子·人间世》

当庄子走到生命的尽头时，

弟子们纷纷表示要厚葬他，

却被庄子一口拒绝。

庄子说：

"天地就是棺椁，

日月可做顶上的装饰，

星辰可为陪葬的珠宝，

飞禽走兽即是陪祭的食物，

难道我的葬礼不样样齐备吗？"

庄子从自然中来，

又把生命交还给自然。

他说过，

人的生命虽然像燃料一样，

总有燃尽的时刻，

但人的思想与精神却像那些永恒不熄的火苗，

总是带着光与热，

代代相传。

《庄子》一书，

便是他留给我们的火焰。

吾以天地为棺椁，以日月为连璧，星辰为珠玑，万物为赍（jī）送。　《庄子·列御寇》

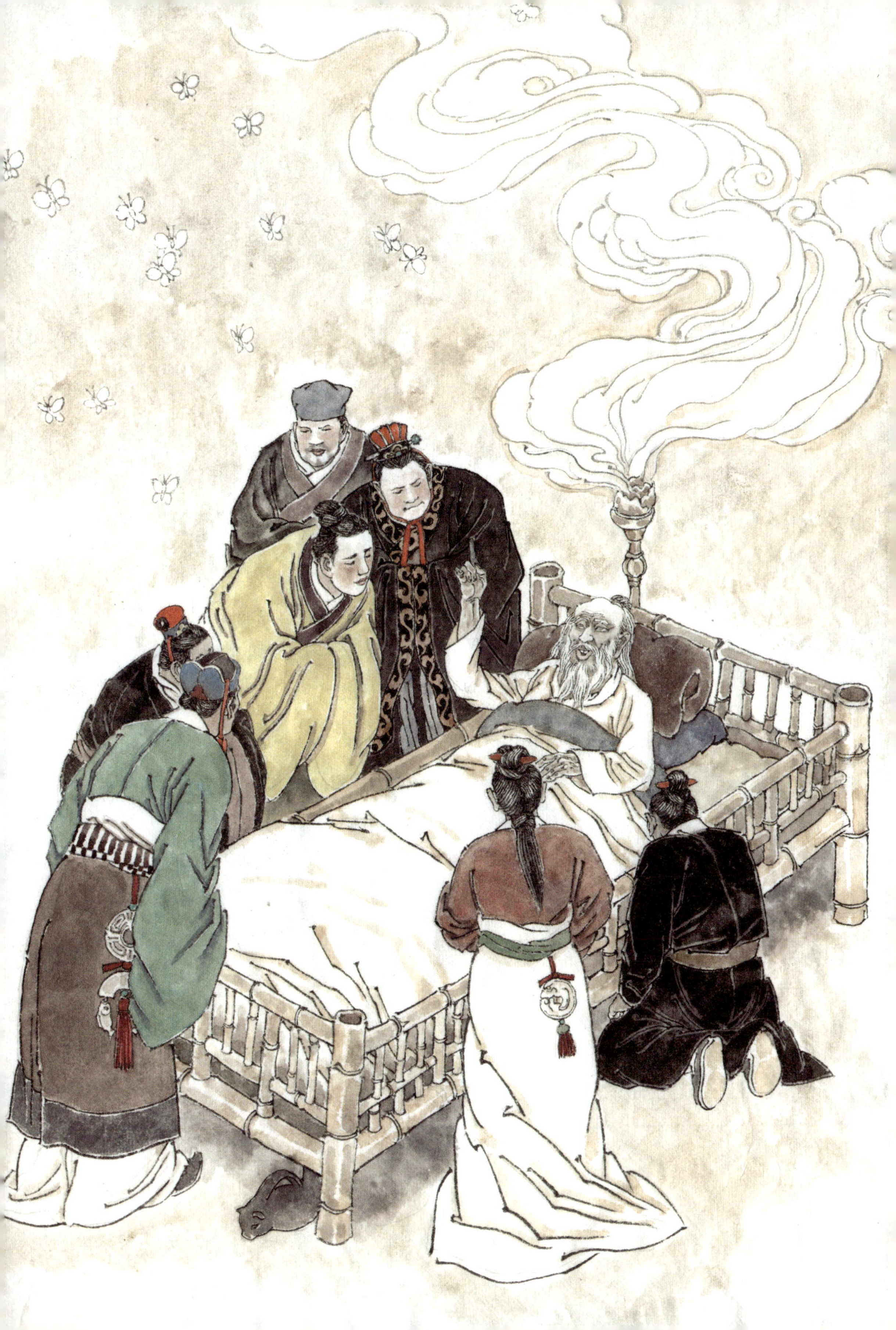

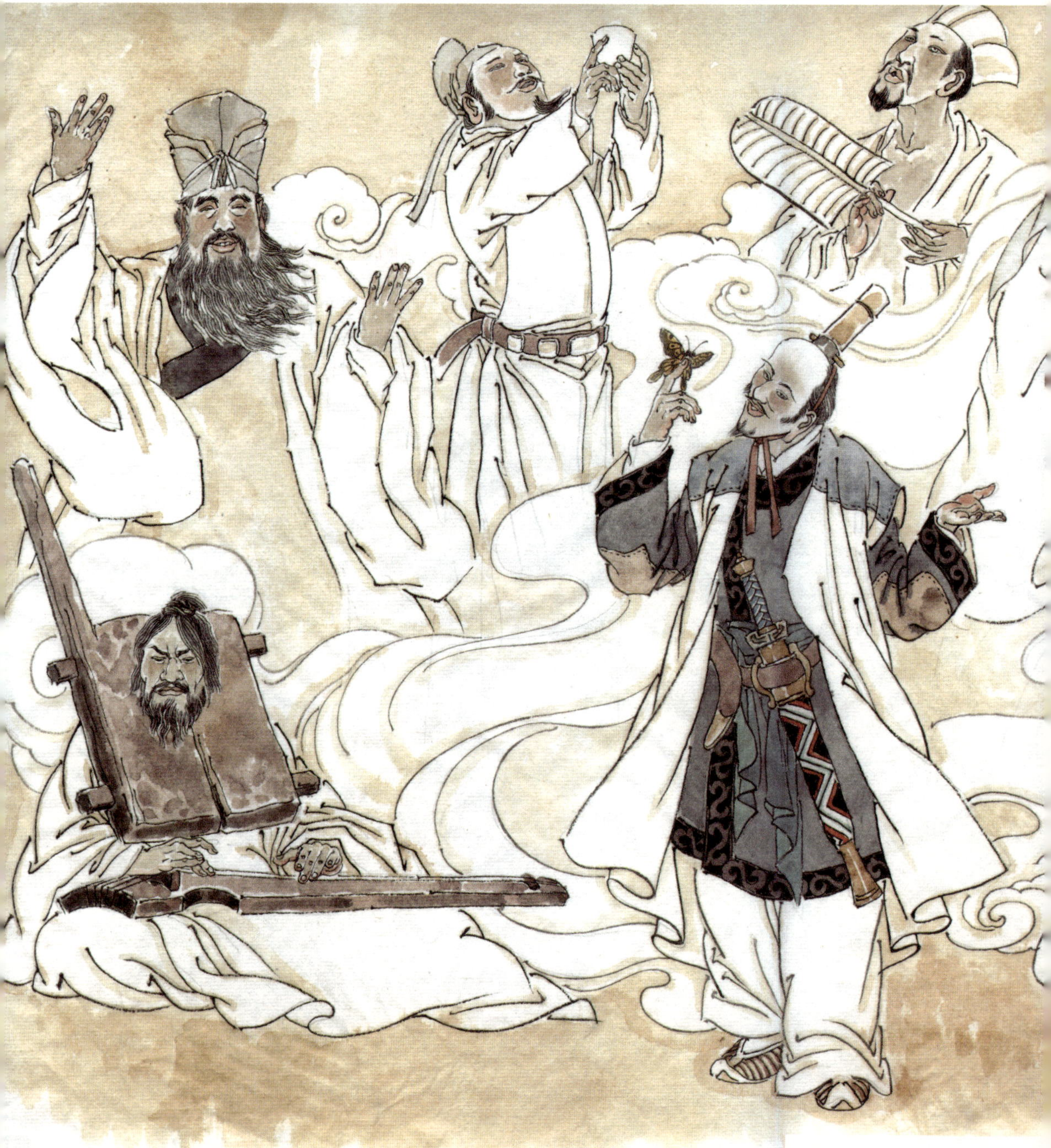

庄子的超凡智慧与飞扬文采，
以及他不为荣华所惑、
不受礼教束缚、
愤世嫉俗却又嬉笑怒骂、
隐逸而清高的人生姿态，
对后世的司马迁、阮籍、
嵇康、陶渊明、李白等
都有着十分重要的影响。
《庄子》一书，
对于魏晋时期的玄学清谈、
南北朝时期的田园文学或志怪作品、
盛唐时期的山水诗歌，
以及明清时期的小说和戏曲创作，
也都产生了深远的影响。
可以说，
庄子为中华文明所渲染的
瑰丽与奇妙的色彩，
早已化入所有人的灵魂深处。

指穷于为薪，火传也，不知其尽也。

《庄子·养生主》